MOEWIG
SACHBUCH

D1983306

Rummenigge
Unser Weg ins
Endspiel

MOEWIG

Umschlagfoto: Fred Joch
Fotos im Innenteil: dpa, Sven Simon
Copyright © 1982 by Copress-Verlag, München
Genehmigte Taschenbuchausgabe
Umschlagentwurf und -gestaltung: Franz Wöllzenmüller, München
Verkaufspreis inkl. gesetzl. Mehrwertsteuer
Auslieferung in Österreich:
Printed in Germany 1982
Pressegroßvertrieb Salzburg, Niederalm 300, A-5081 Anif
Herstellung: Presse-Druck Augsburg 1982
ISBN 3-8118-3156-9

Vizeweltmeister

ist Deutschland geworden. Die Mannschaft hat gekämpft, aber es hat nicht sollen sein. Das Glück war beim Endspiel nicht mehr auf Deutschlands Seite. Trotzdem kann man weder der Mannschaft noch dem Bundestrainer Vorwürfe machen. Wer hätte sich nach der Niederlage gegen Algerien vorstellen können, daß Deutschland überhaupt ins Endspiel kommen würde? Niemand! Doch da war ein Karl-Heinz Rummenigge, der nie aufgegeben hat, der sich in keiner Sekunde schonte, der sich als ein wahrer Kapitän erwies und im Spiel gegen Frankreich das entscheidende Tor schoß, das mithalf, uns überhaupt ins Endspiel zu bringen und Vizeweltmeister zu werden. Herzlichen Glückwunsch!

ANG-Jeans
FUJI FILM

Vorwort

Im Zeitalter der Computer fällt es schwer, ohne Superlative auszukommen, zumal dann, wenn es sich wirklich um ein internationales Ereignis handelt, das als das umfangreichste in der bisherigen Geschichte der Fußball-Weltmeisterschaften gelten darf.

Als unser FIFA-Präsident, Dr. Joâo Havelange, den Vorschlag machte, die Ausrichtung dieser erstmals mit 24 Mannschaften und 52 Spielen ausgestatteten Endrunde dem sonnigen Spanien anzuvertrauen, und Spanien dieses Angebot gern und voller Stolz annahm, freute sich jeder Nationalspieler aller an der Qualifikation teilnehmenden Länder darauf, dabeisein zu können.

Wie viele Fußballkameraden in aller Welt haben bis zum Beginn der Endrunde in Spanien ihre Hoffnungen begraben! Aus 33 Mannschaften der Europa-Gruppen blieben nach 126 Spielen 13, dazu kam Gastgeber Spanien. – Von zehn Südamerika-Bewerbern (mit Titelverteidiger Argentinien) blieben nach 18 Spielen Brasilien, Chile und Peru übrig. In Afrika kämpften schließlich 25 Teams und trugen dabei 46 Spiele aus; Algerien und Kamerun waren die glücklichen Spanien-Fahrer. Aus der Asien-Ozeanien-Gruppe mit 20 Nationalmannschaften und 61 Spielen gingen die Teilnehmer Kuwait und Neuseeland hervor. Und die Finalrunden-Teilnehmer waren komplett, als auch die beiden Ersten der 15 Concacaf-Länder nach 55 Spielen feststanden: Honduras und El Salvador. 306 Ausscheidungsspiele auf der ganzen Erde waren erforderlich, bevor die 22 Nationalteams feststanden, die – neben Titelverteidiger Argentinien und Gastgeber Spanien – um die höchste Trophäe des internationalen Fußballs, den goldenen FIFA-WORLD-CUP, streiten dürfen. 102 Nationalmannschaften hatten mit Einsatz aller Kraft um die Teilnahme gekämpft; 80 von ihnen mußten auf der Strecke bleiben.

Als Kapitän der deutschen Nationalmannschaft ist mir bewußt, welches Vertrauen unser Publikum in uns setzt. Doch genauso bewußt ist das auch allen 23 weiteren Mannschaftsführern. Viele Briefe wurden mir vor der Abreise nach Spanien ins Haus gebracht: bittende, drängende, fordernde – alle von der Hoffung diktiert, daß wir Weltmeister werden. Der verständnisvollste Brief aber kam von einem meiner besten Freunde, dem ersten Ehrenspielführer der deutschen Nationalmannschaft, Fritz Walter. Er versteht am besten all das, was einen Nationalmannschafts-Kapitän vor dem großen Ereignis einer wichtigen Weltmeisterschafts-Endrunde bewegt:

Lieber Karl-Heinz Rummenigge,

vor 28 Jahren stand ich als Kapitän der deutschen Nationalmannschaft dort, wo heute Du stehst. Zu jeder Minute beschäftigte auch uns damals der Wunsch zu siegen, wuchs in uns der Wille, all denen keine Enttäuschung zu bereiten, die von uns forderten: Ihr müßt es schaffen! Nur wenige – wie Du mit Deinen oder damals ich mit meinen Kameraden – wissen aus eigener Erfahrung, wie schwer die sportliche Verantwortung wiegt, wie dicht Erfolg oder Mißerfolg nebeneinander liegen, welche Fülle äußerlicher Faktoren und menschlicher Reaktionen den Verlauf einer Fußball-Weltmeisterschaft beeinflussen.

Heute bin ich Zuschauer wie Millionen Menschen in der ganzen Welt, die Eure Spiele in den Stadien Spaniens oder daheim am Fernsehapparat verfolgen. Im Geiste aber kämpfe ich mit Euch und werde alles miterleben und mitempfinden. Ich drücke Dir und Deinen Kameraden die Daumen – und Deinem Buch wünsche ich viel Erfolg!

Alsenborn, 8. Juni 1982

Wie schwer es ist, vor einem Großereignis im Weltfußball irgend etwas zu sagen oder gar vorauszusagen, hat Fritz Walter treffend ausgedrückt. Unsere Vorbereitungen, vor allem das Trainingslager am Schluchsee im Schwarzwald, sollten mit dazu beitragen, daß wir unter guten konditionellen Voraussetzungen und mit einer bereits „zusammengeschweißten" Mannschaft, wie es in der Fußballsprache oft heißt, nach Gijon reisen können.

Trotz aller Fitness und Kondition, trotz aller günstigen Voraussetzungen aber benötigen wir in Spanien noch etwas sehr Wichtiges: die Gunst der Dame Fortuna, ein Quentchen Glück! Denn von 24 Mannschaften kann nur eine Weltmeister werden.

München, am 11. Juni 1982

Italien ist Weltmeister

Der Bundeskanzler war dabei, Innenminister Baum war dabei, als im Beisein des spanischen Königspaares zuerst die Nationalhymne Spaniens erklang. Mit den Hymnen Italiens und Deutschlands klappte es zuerst nicht so richtig, aber das war auch nicht wichtig. Für die deutsche Mannschaft war am allerwichtigsten, daß Karl-Heinz Rummenigge vom Anpfiff an dabeisein konnte. Schon vor einigen Tagen hatte er erklärt, daß er sich dieses Spiel nicht entgehen lassen würde. Und nach seinem großartigen Tor im Spiel gegen Frankreich konnte die deutsche Mannschaft nur froh sein, daß der Kapitän wieder das Kommando übernommen hatte.

Drei Minuten nach 20 Uhr stoßen die Italiener an. Noch in der ersten Minute ist Littbarski vor dem italienischen Tor. Dino Zoff hält. Schon sehr schnell stellt sich heraus, daß der erst 18jährige Bergoni den deutschen Mannschaftskapitän bewachen soll, während sich Karl-Heinz Förster um den gefährlichen Rossi kümmert. Der erste Angriff der Deutschen läuft über Stielike und Breitner zu Rummenigge, der sich dreht und schießt. Zoff hält. Nach einem Fehlpaß der Italiener kontern die Deutschen, doch es kommt nichts dabei heraus. In der siebten Minute wird Graziani nach einer Schulterverletzung gegen Altobello ausgewechselt. Nachdem Antognoni nicht einmal aufgestellt werden konnte, ist dies der zweite schwere Schlag für die Italiener.

Das Spiel plätschert vor sich hin. In der 9. Minute wird Breitner bös von Gentile gefoult, doch er steht wieder auf. Bergoni wagt einen 25-Meter-Schuß, vorbei. Die ersten zehn Minuten sind vorbei. Beide Mannschaften bemühen sich, kein Tor zu kassieren, die Vorsicht regiert.

Die Italiener foulen Dremmler, Breitner führt den Freistoß aus, Fischer wird attackiert, Flanke in den Strafraum der Italiener, keine Gefahr. Schiedsrichter Coelho nimmt seine Pfeife kaum mehr aus dem Mund, ein Pfiff nach dem anderen. Die Zuschauer pfeifen auch, weil sie mit dem Spiel nicht einverstanden sind. Und sie pfeifen ganz besonders, wenn Schumacher in Aktion tritt. Die Menschen nehmen ihm sein Foul an Battiston und seine Äußerungen danach immer noch übel.

Zwanzig Minuten sind vorbei, und es hat sich kaum etwas geändert. Das Spiel ist langsam, es gibt kaum lange Pässe, nur Kampf Mann gegen Mann, der nichts einbringt. Plötzlich sind die Italiener im Strafraum. Bernd Förster tritt den Ball hoch ins Publikum hinaus. Das war knapp, aber es steht noch immer 0:0. Altobelli ist im Strafraum, Briegel bringt ihn in der 24. Minute zu Fall. Strafstoß. Cabrini, der sein 40. Länderspiel absolviert, tritt an – und schießt daneben. Schumacher hatte allerdings die richtige Ecke geahnt. Das ist ein Jubel bei der deutschen Mannschaft und den deutschen Zuschauern. Trotzdem Vorsicht – die Italiener sind plötzlich gefährlich geworden.

Rossi flankt in den Strafraum, und die deutsche Abwehr sieht gar nicht gut aus. Littbarski läuft quer über das Feld, doch Kaltz verliert den Ball. Im Gegenstoß geraten die Italiener ins Abseits. Eine halbe Stunde ist gespielt, Conti foult Fischer und erhält die Gelbe Karte.

Auch die Deutschen konnten den Star der Weltmeisterschaft nicht stoppen; hier erzielt Paolo Rossi in der 56. Minute das vorentscheidende Führungstor der Italiener.

Breitners Freistoß kommt zu Briegel, doch er hat kein Glück. Die Italiener verteidigen, nur Rossi ist noch vorn. Die Zuschauer pfeifen wieder.

Tardelli foult Dremmler. Breitner schießt in den Strafraum, und Klaus Fischer schießt knapp vorbei.

Nach einem Kopfball von Briegel, der von einem Italiener abspringt, gibt es den ersten Eckball für die Deutschen, der aber auch nichts einbringt.

Noch fünf Minuten in der ersten Halbzeit, und Langeweile breitet sich aus. Oriali stürmt auf das Tor und wird von Stielike gerempelt. Den Freistoß führt Conti aus zirka 20 Metern direkt aus, doch Schumacher greift sich den Ball. Keine Gefahr. Noch eine Chance für die Deutschen, aber Dremmler verfehlt. Beide Mannschaften sind vermutlich mit ihren Gedanken schon beim Pausentee. Halbzeitpfiff, und die Zuschauer im Stadion und zwei Milliarden an den Fernsehapparaten in der ganzen Welt erhoffen sich eine bessere zweite Halbzeit.

Die 90000 Zuschauer im Bernabeu-Stadion in Madrid schwenken ihre Fahnen, als die beiden Mannschaften zur zweiten Halbzeit einlaufen. Sie hoffen, daß sie nun endlich Tore zu sehen bekommen.

Anstoß, und die Deutschen greifen gleich an. Kaltz bekommt einen Freistoß (Schiedsrichter Coelho sieht leider die gute Vorteilsposition von Dremmler nicht), schießt, und Dino Zoff holt den Ball aus der Luft. Die Deutschen versuchen die italienische Abwehr zu knakken. Sie stürmen, doch die Italiener kontern, Breitner foult Oriali. Tardelli schießt weit am deutschen Tor vorbei. Zweiter Eckball für die Deutschen durch Littbarski, gleich danach der dritte. Kaltz gibt herein, Fischer köpft, doch stützt er sich dabei auf – Freistoß für Italien.

Zehn Minuten der zweiten Halbzeit sind vergangen, die deutsche Mannschaft hat zwar mehr angegriffen als in der ersten, doch es hat nichts eingebracht.

Und elf Minuten nach Wiederanpfiff schießt Paolo Rossi sein 6. Tor, nachdem die Italiener nach einem Foul von Rummenigge einen Freistoß zugesprochen bekamen und der Ball von der deutschen Abwehr nicht aus dem Strafraum befördert werden konnte. Sekunden später hat Rummenigge eine Chance, aber Zoff hat den Ball.

Die italienischen Zuschauer jubeln. Wieder einmal ist Rossi in der entscheidenden Sekunde zur Stelle gewesen. Dremmler foult Oriali (60. Minute) und erhält die Gelbe Karte, während sich Hrubesch warmläuft, für den

Dem Endspiel konnte Karl-Heinz Rummenigge keine Wende mehr geben. Hier setzt er sich noch gegen Oriali und Bergoni durch, später mußte er verletzungsbedingt ausgetauscht werden

Dremmler das Feld verläßt. Der Hamburger soll jetzt für Druck sorgen, aber zunächst bleiben die Italiener am Ball. Schumacher muß sogar aus dem 16-m-Raum bis fast zur Eckfahne, um gegen Rossi zu retten. Dann kommt Rummenigge nicht an eine Briegel-Flanke heran – drei Meter vor dem Tor. Das war die Chance – vergeben, und das in der zwanzigsten Minute der zweiten Halbzeit. Die Zeit verrinnt.

Das Spiel wird farbiger, die Italiener werden immer stärker, und Tardelli schießt in der 69. Minute das zweite Tor für seine Mannschaft. Wieder sah die deutsche

Abwehr nicht gut aus. Direkt danach verläßt Karl-Heinz Rummenigge das Feld, und Hansi Müller kommt.

Stielike bekommt die Gelbe Karte, und Conti, wohl der beste Italiener heute, ist schon wieder vor Schumacher. Breitner treibt das Spiel nach vorn, aber Italien behält das Heft fest in der Hand. Daran ändert auch ein Schuß von Briegel nichts. Die Deutschen wehren sich gegen die drohende Niederlage, sie kämpfen, aber sie haben kein Glück, verlieren Zweikämpfe.

Noch zehn Minuten. Es sieht so aus, als ob nur noch ein Wunder der deutschen Mannschaft helfen könnte. Jetzt machen sich die zwei Stunden von Sevilla bemerkbar. Conti stürmt nach vorn, und Altobelli schießt in der 80. Minute das 3:0 für Italien; eiskalt stoppt er den Ball und umspielt noch den herausgestürzten Schumacher. Jetzt kann auch kein Wunder mehr helfen. Paul Breitner gibt immer noch nicht auf und schießt in der 83. Minute das erste Tor für Deutschland. Der Ehrentreffer? In der 85. Minute greift Deutschland wieder an, aber gleich darauf muß Schumacher noch einmal retten.

Littbarski meckert und erhält die Gelbe Karte. Die Italiener tauschen zwei Minuten vor Spielende noch einmal aus. Altobelli geht, der Altinternationale Causio kommt. Die Italiener greifen weiterhin an, aber Rossi kommt nicht an Schumacher vorbei. Abpfiff – Italien ist Fußballweltmeister 1984!

Kein Zweifel: Die Italiener waren bei diesem Spiel die bessere Mannschaft, sie haben dieses Spiel völlig zu Recht gewonnen und sind damit zum drittenmal Weltmeister geworden. Herzlichen Glückwunsch!

„Kalle“ brachte die Wende. Das Elfmeterdrama

Zwei Tatsachen standen fest, als Schiedsrichter Charles Corver aus den Niederlanden am Donnerstagabend um 20 Uhr vor gut 50 000 Zuschauern in Sevilla das Halbfinalspiel zwischen der französischen und der deutschen Nationalmannschaft anpfiff: An diesem Abend mußte es einen Sieger geben, und dieser Sieger durfte, mußte, konnte am 11. Juli gegen Italien, das kurz vorher sein Spiel gegen Polen gewonnen hatte, um den Weltmeisterschaftstitel kämpfen. Somit war klar, daß keine Mannschaft der anderen etwas schenken würde. Es gab sowohl für die Franzosen wie für die Deutschen nur ein Motto, und das hieß Sieg.

Wer siegen will, muß kämpfen, und Schönheitspreise werden bei einem solchen Turnierspiel nicht vergeben. Auch das wußten beide Teams, also wurde von der ersten Minute an um jeden Ball und um jeden Meter Boden gekämpft. Die Franzosen waren ziemlich siegessicher in dieses Spiel gegangen; Trainer Hidalgo hatte aus seinem Herzen keine Mördergrube gemacht und seine Mannschaft zum Favoriten erklärt. Die Deutschen waren froh, daß sie wengistens ihr Bauchgrimmen, von dem sie seit einigen Tagen geplagt wurden, endlich losgeworden waren. Mit Bauchschmerzen kämpft es sich nicht so gut.

In der 1. Minute ein Freistoß von Littbarski, Spiel vor dem französischen Tor, ein Schuß von Kaltz, vorbei, Briegel kämpfte sich durch, Dremmler schoß: Eckstoß, hoch in die Luft geschossen. Angriff der Franzosen, Stielike klärte, dann ein Heber von Giresse, auch vorbei.

Amoros machte Littbarski das Leben schwer, deckte ihn hautnah und nicht immer sehr fair, so daß er vom Schiedsrichter ermahnt werden mußte. Doch der deutsche Dribbelkünstler setzte sich immer wieder durch, schoß, wann immer er eine Möglichkeit dazu hatte. Nach einem von Breitner getretenen Freistoß bekam Littbarski in der 15. Minute den Ball vor den Fuß und knallte ihn auf das Tor, doch der Querbalken bewahrte die Franzosen vor dem ersten Treffer. Drei Minuten später verstolperte Fischer im Strafraum einen Ball, den er von Paul Breitner bekommen hatte, doch wieder war Littbarski da, wieder schoß er – und jetzt war der Ball im Tor. Deutschland führte 1:0.

Das französische Team schien dieses Tor allerdings nur zu beflügeln. Sie stürmten mit allen Mann. Platini war durchgekommen, aber sein Schuß ging daneben. Schiedsrichter Corver war immer auf der Höhe des Balls, und er ließ sich durch nichts beeindrucken. Schumacher im deutschen Tor hatte wirklich alle Hände voll zu tun, doch er war immer an der richtigen Stelle, er gab sich auch jetzt keine Blöße, war, wie in allen Spielen, der Rückhalt der deutschen Mannschaft. Genghini und Kaltz stritten sich, Freistoß, Rocheteau stieg hoch, Bernd Förster setzte sich zu hart ein: Elfmeter in der 26. Minute, den Platini verwandelte. Schumacher war machtlos.

Bis zur Halbzeit hatten beide Mannschaften noch mehrere Torchancen. Das Spiel wurde immer besser, die Franzosen bewiesen einmal mehr, daß sie in den letzten Jahren sehr viel gelernt hatten. Sie spielten nicht nur gut,

Durch eine dichtgestaffelte französische Abwehrkette erzielt Pierre Littbarski bereits in der 18. Minute den 1:0-Führungstreffer für die deutsche Mannschaft.

sie schossen auch gut, und die deutsche Hintermannschaft konnte sich auch nicht die kleinste Verschnaufpause gönnen.

Als die 2. Halbzeit begann, war allen 22 Mann klar, daß es bei diesem Spiel nicht bei diesem Unentschieden bleiben konnte. Tore mußten geschossen werden, wenn das Spiel nicht in die Verlängerung, an der keine der beiden Mannschaften interessiert war, gehen sollte.

Vom Anstoß weg wurde der Druck der Franzosen noch stärker. Rocheteau spurtete davon, und es gelang ihm, Schumacher zu überlisten. Glück für die deutsche

Mannschaft, daß der Schiedsrichter vorher ein Foul gesehen hatte – wie schön, wenn Schiedsrichter gute Augen haben. Dann war plötzlich Battiston, der kurz vorher eingewechselt worden war, ganz allein vor Schumacher, dem es in einer gewagten und riskanten Rettungsaktion gelang, ein Tor zu verhindern. Battiston blieb verletzt liegen und mußte auf einer Bahre vom Spielfeld getragen werden.

Die Zuschauer pfiffen, und die deutsche Mannschaft wurde immer unsicherer. Platini wollte dem Glück etwas nachhelfen und ließ sich gekonnt im Strafraum fallen. Schiedsrichter Corver winkte nur ab – er hatte auch in dieser Sekunde richtig hingesehen.

Wer schießt das nächste Tor? Das wurde jetzt zur spannenden Frage. Denn langsam wußten alle, daß dieses Tor die Entscheidung bringen würde. Dremmler hatte eine riesige Möglichkeit, konnte sie jedoch nicht nutzen. Dann wieder ein direkter Freistoß für die Franzosen, doch Platini schoß in die Mauer, die Entscheidung war noch einmal vertagt. Was niemand so recht geglaubt hatte, zeigte sich jetzt: Die Franzosen hatten ungeheuer viel zuzusetzen.

Eine Viertelstunde vor Schluß kam Hrubesch für Magath. Jetzt wollten die Deutschen die Brechstange einsetzen: die Doppelspitze. Die Fouls häuften sich auf beiden Seiten, aber glücklicherweise gab es, bis auf Battiston, keine ernsthaft Verletzten.

Die letzten Minuten der zweiten Halbzeit mobilisierten noch einmal alle Kräfte. Keine der beiden Mannschaften sehnte sich nach einer Verlängerung. Six tauchte vor Schumacher auf, aber er brachte nur einen harmlosen Roller zustande, dann war Briegel im französischen Strafraum, aber Ettori rettete mit seinem linken Knie.

Und dann die Schrecksekunde für die deutsche Mannschaft: Verteidiger Amoros ist mit nach vorn gekommen, schießt – und der Querbalken ist auf seiten der deutschen Mannschaft. Glück, denn gegen einen solchen Schuß wäre auch Schumacher machtlos gewesen.

Ettori, sein Gegenüber auf der anderen Seite, mußte allerdings auch einen sehr, sehr hilfreichen Schutzengel mitgebracht haben, denn ohne dessen Hilfe wäre ihm sein Kabinettstückchen kurz vor Schluß kaum gelungen.

Kaum auf dem Platz, erzielt „Kalle“ auch schon ein Tor: den so ungeheuer wichtigen Anschlußtreffer zum 2:3, der einem aussichtslos erscheinenden Spiel noch einmal die Wende gab.

Das wohl schönste Tor des heißen Abends von Sevilla erzielte Klaus Fischer zwölf Minuten vor Ende der Verlängerung durch diesen herrlichen Fallrückzieher zum 3:3. Nun hieß es Elfmeterschießen . . .

Paul Breitner hatte auf das Tor geschossen, Ettori wehrte ab, konnte den Ball jedoch nicht festhalten, Fischer kam heran, aber es gelang Ettori, ihm den Ball von der Fußspitze wegzufausten. Das war in der 48. Minute der zweiten Halbzeit, Sekunden später pfiff Corver ab. Zweimal eine Viertelstunde Verlängerung.

Die 22 wurden am Spielfeldrand behandelt und gepflegt, Waden wurden massiert, die Wasserflasche machte die Runde. Karl-Heinz Rummenigge hatte seinen Trainingsanzug abgestreift, aber noch stand nicht fest, ob er eingewechselt werden würde.

Hrubesch stieß zur ersten Verlängerung an. Die Franzosen bekamen einen Freistoß, Trésor war da, völlig ungedeckt, und es stand 2:1 für Frankreich. Karl-Heinz Rummenigge lief sich nun endgültig warm, Briegel verließ das Spiel, und der blonde Münchner betrat in der 96. Minute die Bühne, auf der er dann eine so wichtige Rolle spielen und die Wende bringen sollte. Doch kaum war der Mann mit der Nummer 11 auf dem Rasen, wollte er ihn am liebsten sofort wieder verlassen, wie er nach dem Spiel erzählte. Denn in der 99. Minute hatte Giresse Schumacher erneut überwunden, und das Spiel stand 3:1 für Frankreich. Das müßte die Entscheidung sein.

Fischer schoß ein Tor, aber: abseits. Ein Schuß von Platini, Schumacher hielt. Und dann war Rummenigge da und schoß in der 103. Minute sein bis dahin wichtigstes Tor in diesem Turnier. Der 2:3-Anschluß war hergestellt, nur noch ein Tor Rückstand..

Dann wurde weitergespielt. Die Franzosen wollten mit aller Macht ihren Vorsprung halten, die Deutschen wollten (und mußten) unbedingt noch wenigstens ein Tor schießen. Und Fischer schaffte es tatsächlich, mit einem Fallrückzieher. Das war in der zweiten Minute während der zweiten Verlängerung: 3:3. Wer hätte das gedacht! Die deutschen Schlachtenbummler feuerten ihre Mannschaft an, die deutschen Spieler versuchten alles, um das Spiel vielleicht doch noch zu gewinnen, aber es blieb bei diesem Unentschieden, und das hieß: Elfmeterschießen!

So etwas kann Hitchcock nie gesehen haben, sonst hätte er bestimmt einen Film gedreht, in dem ein Elfmeterschießen vorkommt. Denn so etwas muß man erlebt haben, erfinden kann man so einen Thriller nicht.

Giresse tritt als erster Franzose an, und es steht
4:3 für Frankreich.

Kaltz kommt aus dem Mittelkreis zum Elfmeterpunkt und schießt:
4:4 unentschieden.

Ettori verläßt das Tor, Amoros nimmt Maß, schießt hoch:
5:4 für Frankreich.

Breitner kommt und schießt, gegen seine Gewohnheit, hoch:
5:5 unentschieden.

Rocheteau sucht sich erst gar keine Ecke aus, schießt in die Mitte:
6:5 für Frankreich.

Stielike tritt an, zögert eine Sekunde bevor er schießt, Ettori hält. Weiterhin:
6:5 für Frankreich.

Damit schien wieder alles entschieden zu sein. Ade Endspiel. Stielike bricht zusammen, ist verzweifelt. Nach diesem Kampf soll er daran schuld sein, daß Deutschland nur um den dritten Platz spielen darf? Es muß fürchterlich für ihn sein.

Six schießt als nächster Franzose, und Schumacher beweist sein Können. Er hält, und es bleibt beim
6:5 für Frankreich.

Littbarski zögert keine Sekunde und trifft:
6:6 unentschieden.

Platini muß als nächster Franzose schießen:
7:6 für Frankreich.

Karl-Heinz Rummenigge meldet sich aus dem Mittelkreis, kommt, schießt:
7:7 unentschieden.

Bossis legt sich den Ball zurecht, läuft an, schießt – und Schumacher hält zum zweitenmal:

7:7 unentschieden.

Hrubesch kommt, und er weiß: Wenn er jetzt trifft, ist Deutschland am Sonntag im Endspiel. Schuß:

8:7 für Deutschland.

Was kaum jemand mehr geglaubt hatte – die deutsche Mannschaft ist der Endspielgegner der Italiener.

Pierre Littbarski tröstet den am Boden zerstörten Stielike und scheint ihn aufzumuntern: „Mensch, Uli, guck hin, wir haben noch eine Chance!“

Dino Zoff hielt in seinem 100. Länderspiel das Tor der Italiener sauber. Hier kann er vor dem Polen Majewski (Nr. 10) klären; links Lato, rechts Gentile.

1. Finalrunde

GRUPPE 1

Italien – Polen 0:0

Der Touristik-Minister von Italien, Signor Signorello, schickte nach dem Eröffnungs-0:0 zwischen Polen und Italien seinen Landsleuten in ihrem feudalen Hotel in Pontevedra ein Telegramm: „Gratuliere zum hervorragenden 0:0-Unentschieden gegen Polen!“ Der Minister scheint, wie die meisten italienischen Fußballfans, ein 0:0-Geschädigter zu sein. Das „calcio spettacolo“, der sogenannte spektakuläre italienische Fußball, offeriert jahrein jahraus nur wenige Tore. Wer eines erzielt, darf sicher sein, daß er eine Woche lang in den Schlagzeilen steht.

Obwohl Italien gegen Polen besser spielte, als gemeinhin erwartet wurde, die Polen dagegen schwächer, fielen einmal mehr keine Tore. Es war das vierte Länderspiel der Azzurri im Jahr 1982. Nach Niederlagen in Paris gegen Frankreich (0:2) und in Leipzig gegen die DDR (0:1) gelang Verteidiger Cabrini gegen die Schweiz das erste Tor des Jahres im 1:1 von Genf. Es sollte dabei bleiben. Gegen die Polen waren zwar durchaus Tore möglich, aber erzielt wurden sie nicht.

Damit hatte der Computer des Zweiten Italienischen Fernsehens recht bekommen, der für das Eröffnungsspiel ein 0:0 vorausgesagt hatte. Gefüttert von vier italienischen Fachleuten, surrte der Elektronik-Gigant kurz und spuckte dann herzlos ein Resultat ohne Tore aus, wohl kaum in Betracht ziehend, daß doch gerade die Tore das Salz des Fußballs sind!

Für Kenner allerdings gab es dennoch Erwähnenswertes in diesem Spiel. So verfolgte man gespannt das Duell zwischen dem Italiener Tardelli und dem Polen Boniek, die nach der Weltmeisterschaft bei Juventus Turin Teamkameraden sein werden. Der defensive Mittelfeldrenner Tardelli behielt gegen den polnischen Spielmacher klar die Oberhand. Ganz schlaue Kritiker folgerten anderntags daraus, daß Boniek gar nicht voll gespielt habe, da ja in der italienischen Mannschaft immerhin sechs zukünftige Teamkameraden gespielt hätten! Daß solche Spekulationen reine Phantastereien sind, versteht sich von selber.

Im Tor der Italiener stand der im Februar 40 Jahre alt gewordene Dino Zoff zum 100. Mal zwischen den Pfosten. Er überstand die Jubiläums-Partie ohne Probleme und zum 52. Mal ohne Gegentreffer! Seine stolze Bilanz in 14 Jahren Nationalmannschaft: 52 Siege, 30 Unentschieden und nur 18 Niederlagen. Gegen Polen erlebte er allerdings auch schon das 17. Null-zu-Null. Weil die Polen den Torhüter-Methusalem nicht bezwingen konnten, verbesserte sich Zoffs Durchschnitt: Nur 81 Tore kassierte er in 100 Länderspielen – das ist zweifellos Weltrekord.

Aber ebenso klar scheint festzustehen, daß diese statistischen Spielereien darüber hinweghelfen müssen, ein Spiel zu charakterisieren, das nur wenig Charakter hatte. Die italienischen „0:0-Weltmeister“ riskierten wie gewohnt nur ein absolutes Minimum und ließen den Ball möglichst in den eigenen Reihen zirkulieren mit dem

Ziel, sich ja keine Blöße zu geben oder dem Gegner gar eine Tormöglichkeit zu offerieren. Das 0:0 wurde bewußt in Kauf genommen – entsprechend italienischer Gewohnheit, weil man mit einem 0:0 das Gesicht gewahrt, nicht verloren, andererseits aber auch nicht gewonnen hat.

Vor dem Spiel allerdings rechnete man mit einem Sieg, weil der „Erretter Fußball-Italiens", der zuvor wegen des Wettskandals für zwei Jahre gesperrte Paolo Rossi, wieder mittun durfte.

Während 24 Monaten und 18 Länderspielen mit nur 20 erzielten Toren hatte Rossi gefehlt, und immer hieß es: „Ja, wenn Rossi wieder spielt, dann wird alles besser!" Es wurde nicht. Auch der inzwischen von Perugia zu Juventus Turin transferierte Wunderstürmer vermochte die italienische Tormisere nicht zu beenden. Eine Legende wurde in Vigo zerstört, die Legende Paolo Rossi, die wahrhaben wollte, daß er nur wieder mitzutun brauche, damit all jene Tore fielen, auf die man so lange vergeblich gewartet hatte.

Acht Mann, die in Vigo einliefen, waren schon vor vier Jahren in Argentinien dabeigewesen. Nur Verteidiger Collovati, Mittelfeldspieler Marini und Stürmer Conti waren gegenüber dem Team, das vor vier Jahren stolzer WM-Vierter wurde, neu. Die Jahre allerdings schienen an einigen Spielern nicht spurlos vorbeigegangen zu sein. Von der vor vier Jahren so angriffsfreudigen und lustbetont spielenden Azzurri-Elf blieb nur noch ein zaudernder Haufen übrig, der ängstlich bemüht war, nicht zu verlieren.

Die Italiener hatten Glück, daß auch die Polen mit Problemen kämpften. So fiel Stürmerstar Szarmach aus, der in Frankreich bei Auxerre spielt: Angeblich habe er vehement für den polnischen Solidaritätsführer Lech Walesa Partei ergriffen ... *Kurt Zimmermann*

Peru – Kamerun 0:0

Manolo dos Santos de Convencion aus Peru beschwor die Geister und die Fußball-Götter, sie mögen Peru den Sieg über Kamerun schenken. In rot-weißen Nationalfarben gekleidet, trotz der fast unerträglichen Hitze mit der obligaten Zauberkappe auf dem Kopf, absolvierte er mit rund hundert Jüngern das Zauber-Ritual. Er mußte den kamerunischen Zauberer entmachten, der angeblich im Strafraum der Peruaner eine Heuschrecke vergraben hatte, was Unglück bedeuten würde.

Während Manolo dos Santos de Convencion mit seinen Jüngern hart arbeitete, saß Kameruns Zauberer genüßlich auf der Tribüne – des Sieges gewiß. Er wähnte die Götter auf seiner Seite und malte sich im Geiste bereits die irdischen Genüsse aus, die nach dem großen Sieg auf ihn warten würden.

Genau um 17.15 Uhr, als ein leichter Wind vom Meer heraufkam und Linderung der großen Hitze brachte, begannen Peruaner und Kameruner auf dem Spielfeld nun ihrerseits mit dem Ball zu zaubern.

Es schien, als könnten die Peruaner, denen der Ruf vorausging, eine hervorragende Mannschaft zu besitzen, in diesem Treffen klar dominieren. Immer wieder rannten sich aber der alternde Star Teofilo Cubillas und Jungstar Julio César Uribe in der Abwehr der Afrikaner fest. Und je länger das Spiel dauerte, desto stumpfer und ausgebrannter wirkten die Südamerikaner. Manuel dos Santos de Convencion schaute mit finsterer Miene zu. Nach 60 Minuten packte er kurzentschlossen seine auf der Gitterumrandung des Spielfelds plazierte Götzenfigur und ließ sie verschwinden: Die Götter waren nicht gut gesonnen – Peru konnte nicht gewinnen!

Aber auch Kameruns Zauberer war mit sich und der Welt unzufrieden, weil der österreichische Schiedsrichter gegen seine Mannschaft „Schicksal" spielte und ein Tor aberkannte, obwohl nach Meinung der Afrikaner dieser Treffer absolut regulär gewesen wäre.

Das Spiel ging 0:0 aus. Auch im zweiten Match dieser Gruppe: Keine Sieger, keine Besiegten und keine Tore. Doch man erfreute sich am Fußball-Spektakel dieser schwarzen Ballkünstler aus Afrika und Südamerika.

Es war anders als beim 0:0 einen Tag zuvor bei Italien – Polen. Dort spielte man mit dem Rechenschieber, hier – unbesehen etwaiger Verluste – mit dem Bestreben, Tore zu erzielen. Wenn keine fielen, so ist das wohl dem Umstand zuzuschreiben, daß beide Teams zwar über hervorragende Individualisten verfügen, aber vor lauter Fußball-Exhibitionismus den Endzweck, das Toreschießen, arg vernachlässigten.

Die tigerhafte Behendigkeit dieser schwarzen Fußballer entschädigte aber dafür. Es war ein wahrer Genuß, ihnen zuzuschauen, wie sie mit dem Ball umgingen, und das Publikum stöhnte auf, als der Abschluß Mal für Mal mißlang, obwohl es fast schwieriger war, das Tor zu verfehlen, als den Ball ins Netz zu schießen.

Die Peruaner verfügten noch über jenen Stamm, der schon vor vier Jahren in Argentinien für guten Fußball

Kameruns Stürmer Enoka hebt den Ball über Perus Torhüter Quiroga hinweg ins Netz, doch wurde das Tor wegen Abseitsstellung nicht gegeben, und es blieb beim 0:0.

gesorgt hatte. Im Gegensatz zu den Italienern hatten sie aber auch einige neue, hervorragende Spieler wie Uribe, Leguia, Barbadillo und Olaechea eingebaut. Eine vermutlich zu lange und zu anstrengende Europa-Tournee im Vorfeld der WM-Endrunde hatte aber entscheidend viel Kraft gekostet. Beim Endrundenstart in La Coruna gegen Kamerun schienen sie nur noch ein Schatten jener Mannschaft, die in Budapest Ungarn und in Paris Frankreich besiegt hatte.

Die Kameruner dagegen kamen wohlvorbereitet und frisch nach Spanien. Kaum jemand mutete dem krassen Außenseiter viel zu. Man sah allerdings rasch, daß die Afrikaner doch zu wesentlich mehr taugten als zum Punktelieferanten. Spätestens nach 90 Minuten gegen die Peruaner begann man diese Afrikaner ernsthafter ins Kalkül zu ziehen, redete von einem Milla und N'Kono, staunte über die Ballfertigkeit und das taktische Geschick dieser zuvor doch weitgehend unbekannten Kikker aus Schwarzafrika. Sie hätten das Spiel gegen Peru sogar gewinnen müssen und erzielten auch ein Tor durch ihren Star Roger Milla. Allerdings war der österreichische Schiedsrichter Wöhrer der Meinung, Milla habe den Treffer aus Abseitsposition erzielt. Wöhrer stand mit seiner Meinung zwar fast allein, aber sein Verdikt mußte – gegen den Willen der Mehrheit der Zuschauer – gelten! *Kurt Zimmermann*

Italien – Peru 1:1 (1:0)

Der Ball lief – gemächlich und gekonnt – über zehn Stationen: von Mittelfeldspieler Antognoni zu Stürmer Graziani, von dort zu Conti und dann zurück zu Tardelli, dem Aufbauer. Und weil der keine Abspielmöglichkeit nach vorne fand, wanderte der Ball zu Verteidiger Cabrini zurück, von dort zu Stopper Scirea, um schließlich bei Torhüter Zoff zu landen – ohne daß ein Peruaner etwas hätte tun können.

Dieses Spielchen wiederholte sich immer wieder. Die Peruaner wollten, konnten aber nicht. Die Italiener schienen zu können, wollten aber auch nicht. So plätscherte eine WM-Endrunden-Partie dahin und löste unter den neutralen Zuschauern das große Gähnen aus.

Ein einziges Mal in der 1. Halbzeit wurden die Besucher aus ihrer beschaulichen Ruhe geschreckt, als der Römer Bruno Conti unvermittelt aus rund 16 Metern schoß und genau ins Lattendreieck traf.

„Tor – Tor – Tor“, schrie der wohl selber überraschte Italiener, lief noch einige Meter, um sich dann vor lauter Glückseligkeit ins Gras zu werfen, wo er alsbald von seinen Kameraden abgeküßt und halb zerdrückt wurde.

Es war ein Tor gefallen! Welche Gnade! Italien rüstete sich, um einen wichtigen Sieg zu feiern. Und kaum einer im Stadion zweifelte daran. Von der Trainerbank schrie Coach Enzo Bearzot: „Ball halten!“

Geistesgegenwart bewies der einzige deutsche WM-Schiedsrichter Walter Eschweiler im Spiel Italien – Peru: Nach einem Rempler ging er zu Boden, griff aber, noch benommen, sofort zur Pfeife, um das Spiel zu unterbrechen.

In der Pause nahm Bearzot den völlig ungenügend gewesenen vermeintlichen „Erretter von Fußball-Italien“, Mittelstürmer Paolo Rossi, aus dem Spiel. Man erwartete an seiner Stelle den spritzigen Altobelli von „Inter“ oder allenfalls Selvaggi von Cagliari. Die beiden jedoch waren nicht als Ersatzspieler angeführt.

Bearzot spielte die Karte „Defensive“, er führte ja 1:0, und diesen Vorsprung galt es unter allen Umständen über die Distanz zu bringen! So kam für den erfolglosen Mittelstürmer Rossi nicht ein anderer Tormacher, sondern der zurückhängende Flügelstürmer Causio, ein bereits 32jähriger, erprobter Kämpfer. So war nur noch Graziani in vorderster Front, alle anderen riegelten bereits im Mittelfeld ab und mußten prompt den Peruanern das Handeln überlassen.

Perus Trainer Elba de Padua Lima, von allen nur „Tim“ genannt, ein Endsechziger mit Lederstrumpf-Gesicht, wechselte in der 2. Halbzeit ebenfalls aus. Aber „Lederstrumpf“ Tim brachte zwei frische Stürmer ins Spiel, die Dampf machten und die Italiener böse unter Druck zu setzen begannen. Keine Frage, Tim wollte nicht nur den Ausgleich, er wollte mehr, er wollte gewinnen, und es war ihm nicht entgangen, daß die italienische Festung keinesfalls so unbezwinglich war, wie es anfänglich schien.

Der Ausgleich kam sieben Minuten vor Schluß – viel Glück gehörte dazu. Diaz’ Gewaltschuß wurde von Scirea abgelenkt. Zoff hätte in seinem 101. Länderspiel den Ball wohl leicht gehalten, wäre er durch Scireas Intervention nicht „conter-pied“ erwischt worden. Ausgleichende Gerechtigkeit für die Peruaner? Zuvor hatten sie zwei klare Chancen nicht zu verwerten vermocht.

Nach zwei 0:0-Resultaten in der Vigo-La-Coruna-Gruppe nun das 1:1! Nach drei Spielen in Gruppe 1 gab es immer noch keinen Sieger – aber auch keinen Verlierer. Man begann zu rechnen, und die Italiener waren mit ihrer Rechnung soweit zufrieden. Würden nämlich die restlichen drei Partien auch 0:0 enden, dann wären sie zusammen mit Peru – dank des einen Tores – für die 2. Runde qualifiziert, ohne ein Spiel gewonnen zu haben. Mit einem einzigen Tor! Aber noch waren drei weitere Spiele auszutragen. Ein einziger Sieger konnte alle 0:0-Spekulationen auf den Kopf stellen! *Kurt Zimmermann*

Polen – Kamerun 0:0

Elf pechschwarze Fußballer „von einem anderen Fußball-Planeten" eroberten in La Coruna die Herzen der spanischen Fans. Ihr wundersames Spiel im scheinbaren Zeitlupentempo, aber technisch perfekt und gekonnt und von taktischer Reife, löste Beifall auf offener Szene aus. Kamerun – das war nicht schwarze Fußball-Magie, kein von einem Hexer hergezauberter Zauber, das war schlicht und einfach Fußball, wie man ihn bei uns längst verlernt hat, Fußball von einem anderen Planeten.

Die Polen stemmten sich diesem Fußball-Phänomen mit ihrer ganzen Verzweiflung entgegen, wirkten hölzern und je älter das Spiel wurde, desto unbeholfener. Aber – wie so oft – überstanden sie das afrikanische Fußball-Feuerwerk unbeschadet, retteten ein 0:0 über die Distanz und atmeten nach dem Abpfiff erleichtert auf. Ein 4:1 oder auch ein 6:2-Ergebnis für Kamerun hätte durchaus dem Spielverlauf entsprochen!

Fußball, wie man ihn bei uns längst verlernt hat, zeigten Kameruns Spieler im Spiel gegen Polen – technisch perfekt und gekonnt. Hier schlägt Emmanuel Kunde einen weiten Paß, dem der Pole Iwan nur nachschauen kann.

Ein italienischer Fußball-Computer hatte diesen Fußballern „aus dem afrikanischen Busch“ (Originalton aus Italien) lauter Kanterniederlagen vorausgesagt. Gefüttert von Italienern, spuckte der Computer seine ganze Geringschätzung über den Fußball aus dem Schwarzen Erdteil aus. Inzwischen hat man wohl das Elektronengehirn zum alten Eisen geworfen oder „Futter-Eingaben“ revidiert. Die „Buschneger“ erhielten Namen und Klassifikationen, die zum Teil mit dem Prädikat „Weltklasse“ versehen wurden. Die Auguren, zuvor mit kaum verhohlener Geringschätzung über Fußball-Kamerun disputierend, fanden in ihrem unendlichen Fußball-Wissen plötzlich auch Platz für Namen wie Torhüter N'Kono und Stopper Onana, und sie notierten sich geflissentlich die Nummer 9, Roger Milla, der in Frankreich allerdings längst als Mittelstürmer der Mannschaft von Bastia ein Superstar ist. Kamerun spielte ungefähr so wie die Brasilianer vor bald 20 Jahren. Mit einer ungeheuren Geschmeidigkeit, aber der heutigen Fußball-Realität einigermaßen angepaßt. Mbom, die Nummer 7, hatte den unerhörten Überblick, Mitspieler auch in 40 Metern Entfernung auszumachen und ihnen den Ball mit „Bananen-Effekt" zukommen zu lassen. Wenn Ndjeya, die Nummer 4, in Abwehrschwierigkeiten geriet, dann zögerte er nicht, mit beiden Beinen voran in Gegner und Ball zu schießen. Sie wirkten verspielt und zugleich teutonisch-realistisch. Nur vor dem Tor waren sie mit ihrem Fußball-Latein buchstäblich am Ende. Da versagte der große Superstar Milla, da traf der schon 33jährige Jean-Pierre Tokoto „keinen Blumentopf". Und da raufte sich die Nummer 14, Abega, immer wieder das kurzgeschorene, krause Haar, wenn er das leere Tor zur Verzweiflung der Zuschauer, die einseitig für Kamerun Partei ergriffen, wieder nicht traf. 0:0 – kein Tor. Aber es war Fußball der gehobenen Klasse, Fußball, der Vergnügen machte. Es war kein „italienisches" 0:0, weil die Schwarzafrikaner 90 Minuten lang alles riskierten. Sie spielten sich in einen Spielrausch hinein, der für die Polen hätte fatal ausgehen können. 90 Minuten lang zeigten sie fußballerische Delikatessen, daß es einfach umwerfend und einmalig war! Kamerun hat in La Coruna die Fußballwelt überzeugt, aber gleichzeitig deutlich gemacht, daß nach wie vor „Entwicklungshilfe“ vonnöten ist. Zwar sind uns die Afrikaner in vielem überlegen, aber das Torschießen müssen ihnen nüchterne europäische Fußball-Lehrer beibringen. Allerdings muß man dabei Vorsicht walten lassen, darf ihnen kein Jota von ihrer angeborenen Spielfreude nehmen! Nur ein Schuß mehr „Killer-Instinkt“ sollte ihnen vermittelt werden. Wenn das in den nächsten paar Jahren gelingt, dann haben die Zuschauer in La Coruna den Beginn einer neuen Fußball-Epoche miterlebt!

Kurt Zimmermann

Polen – Peru 5:1 (0:0)

Vier Spiele in der Italien-Gruppe endeten mit einem Unentschieden. Alles deutete darauf hin, daß auch der vorletzte Kampf dieser ersten Phase in der Gruppe 1 zwischen Polen und Peru mit einem 0:0 ausgehen würde. Eine Halbzeit lang plätscherte das Spiel dahin, ein bißchen Aufregung brachten nur zwei polnische Holzschüsse – und ein peruanischer. Bei den Polen saß Stürmerstar Szarmach wieder auf der Ersatzbank. Der in Frankreich bei Auxerre spielende Stürmerstar Szarmach, der sich eindeutig zugunsten des internierten Gewerkschaftsführers Walesa ausgesprochen haben soll, konnte wiederum nur zuschauen. Angeblich, so hieß es, sei aus Warschau die Order gekommen, auf Einsätze eines der stärksten polnischen Stürmer weitgehend zu verzichten.

Aber auch die Peruaner hatten ihre Sorgen. Trainer Elba Padua de Lima, den alle nur „Tim“ nennen, mußte auf die Stürmerstars Uribe und Barbadillo verzichten, die sich beide vollkommen außer Form befanden. Die Ursache dieser fast totalen Formbaisse vor allem von Uribe, der letzte Saison in Südamerika hinter Maradona und Zico als drittbester Fußballer des Jahres erkoren worden war, suchte und fand der alternde Superstar der Peruaner, der 33jährige Teófilo Cubillas, der heute beim ehemaligen Gerd-Müller-Klub Fort Lauderdale Strikers in Florida spielt, in der „überrissenen“ Vorbereitungsserie.

Cubillas hatte fast die gesamten 30 Vorbereitungsspiele nicht mitgemacht und war erst kurz vor Endrundenbeginn zur Mannschaft gestoßen. Schon im ersten Spiel erkannte er, daß seine Kameraden total ausgelaugt und kaum mehr zu einer ersprießlichen Leistung imstande waren. Die Quittung wurde den Verantwortlichen Perus in La Coruna gegen Polen serviert.

45 Minuten verlief alles im Unentschiedenstil wie gehabt! In der 50. Minute muß der Teufel in Trainer Tim gefahren sein: Während Torhüter Quiroga mit seiner hohen Fistelstimme seine Vorderleute immer wieder beschwor, defensiver zu spielen, um ja das 0:0 über die Distanz zu bringen, das praktisch das Vordringen in die 2. Runde bedeutet hätte, nahm der Mann mit dem Lederstrumpfgesicht Oblitas und Cubillas heraus und brachte mit Uribe und Barbadillo zwei neue Stürmer ins Spiel. Die Absicht war klar: Tim wollte möglichst keine „0:0-Qualifikation“, wollte die Polen unter allen Umständen schlagen, wollte als gefeierter Mann in die 2. Phase des „Mundial“. Fünf Minuten später waren Tims Pläne durchkreuzt und das Ende des peruanischen Traums abzusehen. Nach einem groben Abwehrfehler gelang Smolarek das 1:0, und innerhalb der nächsten zwölf Minuten

Nach vier Spielen in der Gruppe 1 waren erst insgesamt zwei Tore gefallen, bis die Polen die Zuschauer mit ihrem 5:1-Kantersieg über Peru erfreuten.

fielen drei weitere Tore für die Polen, die nun wie ein gut geschliffenes Messer durch weiche Butter gingen und die „stehend knockout“ gegangenen Peruaner demütigten.

Auf der Trainerbank machte Coach Piechnicek das erste Mal ein zufriedenes Gesicht. Und für den 29jährigen Abwehrorganisator Zmuda hatten der klare Erfolg und das Vordringen in die 2. Runde eine weitere Folge höchst wichtigen Ausmaßes: Er darf mit westlichen Klubs verhandeln und Polen verlassen!

Für die Peruaner dagegen brach eine Welt zusammen.

Teófilo Cubillas zog die bittere Bilanz, die ihn allerdings nur indirekt trifft, weil er bei Fort Lauderdale unter Vertrag steht. Cubillas sagte über seine Kameraden: „Uribe hoffte auf einen goldenen Vertrag in Spanien oder Italien. Barbadillo glaubte sich schon in Italien bei Avelino. Cueto, Velasquez und La Rosa wollten ebenfalls nach Europa. Wer aber will nach dieser Blamage noch peruanische Spieler engagieren? Die Funktionäre sind für die Pleite verantwortlich, aber die Spieler bezahlen die Zeche!"

Kurt Zimmermann

Italien – Kamerun 1:1 (0:0)

Es war eines der seltsamsten Fußballspiele dieser WM-Endrunde. Die Konstellation war klar: Italien genügte ein Unentschieden, um den Aufstieg in die 2. Runde zu schaffen, Kamerun mußte gewinnen. Und so begannen die Italiener ihr gewohntes defensives Spielchen, riskierten wenig bis gar nichts und bestürmten das Tor von N'Kono nur selten. Die Afrikaner bemühten sich, ihren pantherartigen Fußball vorzuführen, bissen aber bei der gut organisierten italienischen Abwehr auf Granit.

So plätscherte das Spiel dahin, bis Graziani auf Flanke von Rossi ein Glückstreffer gelang. Der bullige Stürmer hatte den Ball nur halb erwischt, von seiner Stirn senkte sich jedoch das Leder über N'Kono hinweg in die hintere Ecke. Der Torhüter der Afrikaner glitt zudem noch aus, und so war das 1:0 perfekt. Alles entschieden also? Überhaupt nicht! Im Gegenzug glich M'Bida für die Afrikaner aus, alles war wieder offen!

Die Italiener setzten ihr Vorsichtsspiel fort und wurden komischerweise von den Afrikanern imitiert! Während der letzten zehn Minuten suchten diese seltsamen Fußballer nicht etwa mit aller Kraft das 2:1, sondern behielten den Ball in den eigenen Reihen, um ja nicht zu . . . verlieren! Die Zeit verrann, die Italiener schauten sich gegenseitig ungläubig an und begriffen die ganze Fußballwelt nicht mehr.

Was ging in den Köpfen von Milla, N'Kono, Abega und M'Bom vor? Vermutlich waren sie stolz und zufrieden, ungeschlagen zu bleiben und mit drei Remis-Er-

Auch das dritte Spiel seiner Gruppe beendete Italien mit einem Unentschieden – 1:1 gegen Kamerun. Hier spitzelt Emmanuel Kunde den Ball vor Collovati weg, rechts Antognoni.

gebnissen nach Hause zurückzukehren. Vielleicht haben sie nie daran geglaubt, daß sie die Italiener packen könnten? Sie ärgerten sich keineswegs, tauschten fröhlich die „Leibchen“ mit den Italienern, grüßten das Publikum und verschwanden zufrieden – im Bewußtsein, Fußball-Afrika ehrenvoll vertreten zu haben. In Italien dagegen konstatierte man anderntags skeptisch: „Weitergekommen, aber ohne jegliche Glorie!“ Und einer rechnete vor, daß diese Schmalspurverdiener aus Kamerun spielerisch sogar um einiges besser ausgesehen hätten als die Lire-Milliardäre!

Kamerun ist punktgleich mit Italien nur darum ausgeschieden, weil die Italiener ein Tor mehr erzielt haben und mit zweimal 1:1 eben besser dastanden als die Afrikaner mit zweimal 0:0 und nur einmal 1:1! Man darf wohl feststellen, daß die Italien-Gruppe rein spielerisch die schwächste aller sechs Vorrunden-Gruppen war, daß Kamerun den weitaus besten Fußball spielte und eigentlich ein Weiterkommen verdient gehabt hätte. Nur noch einmal triumphierte der Rechenschieber-Fußball der Europäer, weil die Südamerikaner aus Peru ausgebrannt wirkten. Sowohl Polen wie Italien waren in der 1. Runde jedoch keine erstklassige Referenz für den Fußball unserer Breitengrade.

Kurt Zimmermann

Abschlußtabelle Gruppe 1

1. Polen	3	1	2	0	5:1	4:2
2. Italien	3	0	3	0	2:2	3:3
3. Kamerun	3	0	3	0	1:1	3:3
4. Peru	3	0	2	1	2:6	2:4

GRUPPE 2

Deutschland – Algerien 1:2 (0:0)

Ein Sepp Herberger und ein Helmut Schön wurden belächelt, wenn sie den nächsten Gegner stets als „besonders schwer“ hinstellten, aber sie dämpften damit aufkommenden Übermut. Doch seit 1978 herrscht die „neue Welle“, und zu der gehört, Selbstbewußtsein auszustrahlen. Große Sprüche sind in Mode, Trainer und Spieler stimmen gerne in sie ein.

Natürlich hat das verschiedene Folgen. Manchmal hilft's den Spielern; auf sie wirken derlei markige Worte etwa so wie das Pfeifen des kleinen Jungen im finsteren Wald, der auf dem Heimweg Angst vor Räubern hat.

Aber es kann auch ganz anders wirken. Die Algerier beispielsweise fühlten sich in ihrem Nationalstolz getroffen, als sie aus deutschen Zeitungen herauslesen konnten, wie gering ihre fußballerischen Fähigkeiten doch seien.

Mahiedieme Khalef, mit 37 Jahren für einen Trainer ausgesprochen jung, erleichterte dies seine Arbeit beträchtlich. Den Ärger seiner Spieler über den deutschen Hochmut nutzte er geschickt bei der Vorbereitung auf das Spiel gegen Deutschland: „Zeigt es denen!“

Es machte den Algeriern wenig aus, daß sich während der Tage vor Turnierbeginn nur selten ein Journalist bei ihnen blicken ließ. Ihr Quartier, eine von einem spanischen Ärztebrüderpaar gemietete große Privatvilla, lag abgeschieden zwischen den grünen Hügeln von Ceceda, etwa 40 km von Oviedo entfernt. Ihr Mannschaftsbus konnte gar nicht bis zu der 1669 erbauten Villa „El

Überraschend erzielte Madjer mit einem Heber das Führungstor für Algerien gegen den hohen Favoriten Deutschland; Wolfgang Dremmler (Nr. 6) hatte das Nachsehen.

Campulotu“ fahren; der Zufahrtsweg war zu steil und zu eng. Am Fuße des Hügels mußten sie jeweils in einen Kleinbus umsteigen. Und der quälte sich dann – nicht selten mit 15 Insassen – den Berg hinauf.

Die deutsche Mannschaft, als vorletzte aller Teilnehmer erst am Abend vor dem Eröffnungsspiel der WM in Spanien eingetroffen, wirkte ausgelassen, fröhlich. Ob in ihrem Quartier, dem Hotel „Principe de Asturias“ an der Strandpromenade von Gijon, oder auf dem Trainingsgelände „El Mareo“, der Sportschule von Sporting Gijon, etwa 10 km vor den Toren Gijons gelegen – überall traf man die Spieler lachend und bester Laune an. Die Strapazen der langen und kräftezehrenden Saison schienen verflogen. „Die Woche am Schluchsee in der frischen Schwarzwaldluft hat uns gutgetan“, schwärmten alle Spieler in seltener Übereinstimmung. Wer auch immer mit Rummenigge oder Stielike, Breitner oder Hrubesch in Kontakt kam, gewann den Eindruck: Die Stimmung der Mannschaft ist bestens, alle fühlen sich in Topform.

Ausgenommen Hansi Müller. Während die anderen 18 Spieler im Training dem Ball nachjagten, versuchte der Stuttgarter mit gymnastischen Übungen und vorsichtigen Spurts, sich körperlich in Schwung zu halten, ohne das lädierte Knie zu sehr zu belasten.

Als Jupp Derwall am Tage vor dem Spiel seine Aufstellung bekanntgab, blieben Überraschungen aus. Gegen Algerien nominierte er die elf Spieler, die allgemein erwartet worden waren.

Im Stadion „El Molinon“ gaben schon Stunden vor dem Spiel die Algerier den Ton an. Über 3000 waren mit rund 20 Sonderflügen der „Air Algérie“, per Schiff, Eisenbahn oder mit dem Auto nach Gijon gereist, um ihrer Mannschaft den Rücken zu stärken. Viele von ihnen, man erkannte sie an den Nummernschildern ihrer Autos, stammten aus der großen Schar der mittlerweile in Frankreich ansässigen Algerier.

Bescheiden nahmen sich dagegen die kleinen Gruppen deutscher Schlachtenbummler aus. Alles in allem dürften es kaum mehr als 500 Deutsche gewesen sein, die fast untergingen in den 36000 Zuschauern, die die WM-Premiere von Gijon miterleben wollten. In einer Ecke hing an der Spielfeldumzäunung ein Transparent

„Rummenigge, wir lieben Dich!“, in der anderen leuchtete eine blau-gelbe Fahne mit der Aufschrift „TSV Bentheim e. V.“. Doch beherrscht wurde das Bild von den grün-weißen Fahnen und Fähnchen Algeriens. Bei der Bekanntgabe der Aufstellungen über den Stadionlautsprecher folgte nach den Namen Stielike, Breitner und Rummenigge verhaltener Beifall. Mit einem förmlichen Aufschrei begleiteten dagegen die algerischen Fans die Nennung jedes einzelnen ihrer Spieler.

Gleich nach dem Anpfiff durch den peruanischen Schiedsrichter Labo Revoredo zeigte sich, daß die Algerier zwar großen Respekt vor ihren Gegnern hatten, jedoch keine Spur von Angst. Ihre Abwehr bildete am eigenen Strafraum eine dichte Sperrkette, verstärkt durch die Mittelfeldspieler, und auch die Stürmer zogen sich anfangs mit zurück. Doch wenn sie einen Ball abgefangen hatte, dann schwärmte die ganze Mannschaft aus, griff über die Flügel an.

Die deutschen Spieler nahmen das offensichtlich nicht so ernst. Gemächlich schoben sie sich den Ball zu, mehr quer als vorwärts. Kaltz lief beim ersten Angriff mit nach vorn und hob den Ball vors Tor, in gewohnter HSV-Manier: Kaltz flankt, Hrubesch köpft die Tore. Doch der „Lange“ kam nicht an den Ball. Algeriens Vorstopper Kourichi, genauso groß wie Hrubesch, aber viel schlanker und beweglicher, sprang einen Kopf höher und deutete damit gleich an, daß auf diese Art und Weise bei ihm kein Durchkommen sein würde.

Nur – von den deutschen Spielern merkte das keiner. Monoton wurden die Bälle hoch in den algerischen Strafraum geschaufelt. Und ebenso monoton beförderten die Algerier die Bälle aus ihrem Strafraum.

Dieser Schußversuch des deutschen Mannschaftskapitäns bleibt noch erfolglos, doch in der 68. Minute hat es im Tor der Algerier „geklingelt" – 1:1-Ausgleich. Und Kalle freut sich!

Trotz seiner Verletzung war Karl-Heinz Rummenigge der Spieler, der die Deutschen ins Endspiel brachte. Das Match gegen Chile entschied er praktisch alleine.

Der deutsche Spielführer (hier beim Wimpeltausch) war ein Vorbild für die ganze Mannschaft, der gelegentlich eine zu lasche Einstellung vorgeworfen wurde.

Mit einem farbenprächtigen Folklore- und Fahnen-Spektakel wurde am 13. Juni 1982 die XII. Fußballweltmeisterschaft im Nou-Camp-Stadion von Barcelona eröffnet. Kosten der Feier: 4,6 Millionen Mark.

Symbolträchtig wurde eine Taube aus dem Fußball in die Freiheit entlassen. Die Riesenpuppen sind ein althergebrachter Bestandteil der spanischen Folklore.

Deutschland – England nur 0:0, ein äußerst schwaches Spiel der beiden Erzrivalen. Schöne Zweikämpfe lieferten sich Karl-Heinz Rummenigge und der Engländer Mick Mills.

Verbissener Kampf in der Abwehr – oben Uli Stielike gegen den Engländer Robson, unten Junior (Brasilien) gegen den Schotten George Wood.

Paul Breitner hatte einiges auszuhalten. Oben setzen ihm die Österreicher Hintermaier (links) und Hattenberger zu, unten ist er im Chile-Spiel schwer gefoult worden und muß ausgewechselt werden.

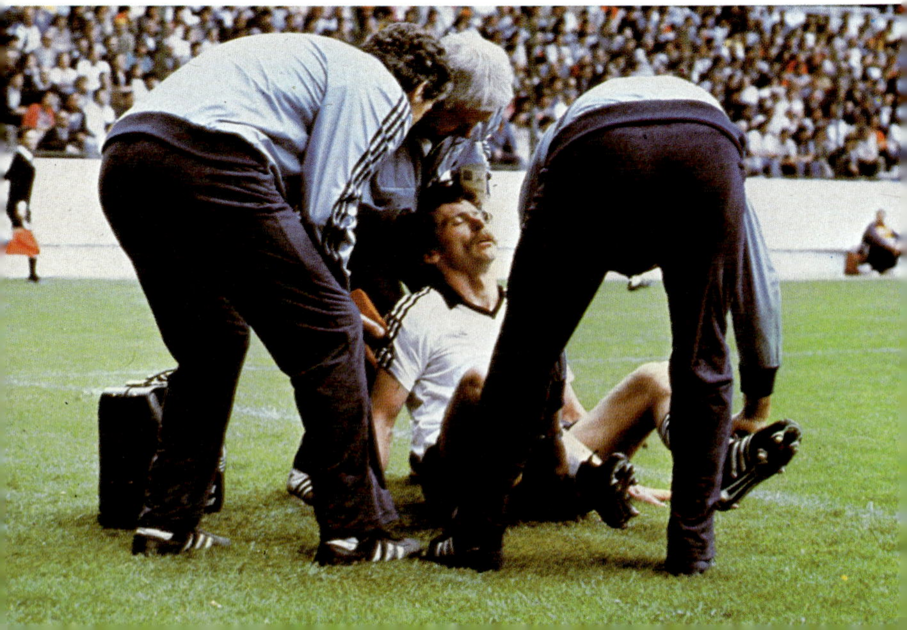

Statt sich darauf einzustellen und diese aus der gegnerischen Abwehr herauskommenden Bälle abzufangen, schauten die deutschen Mittelfeldspieler mehr oder weniger tatenlos zu, wie die Algerier daraus sofort eigene Angriffe entwickelten. Den ersten Torschuß gaben die Algerier ab. Das war in der sechsten Minute.

Nur 60 Sekunden später flankte Linksaußen Assad den Ball von links in den Strafraum. Schumacher und Briegel wurden völlig überrascht und – zu ihrem Glück – auch der freistehende Belloumi. So konnte Briegel den Ball noch zur Ecke über die Torauslinie schlagen.

In der 68. Minute schien sich das Blatt noch einmal zu wenden: Karl-Heinz Rummenigge erzielt mit einem Spreizschritt den Ausgleich.

Als „Alarmsignal" verstanden das die deutschen Spieler keineswegs. Wieder lief Kaltz auf der rechten Seite vor, gab erneut eine hohe Flanke in den Strafraum. Diesmal erwischte Rummenigge den Ball mit dem Kopf. Einen Meter am Pfosten vorbei flog das Leder ins Aus.

Dann wurde es gar turbulent vor dem Gehäuse des kleinen algerischen Torhüters Cerbah: Schuß von Littbarski – abgewehrt. Nachschuß Dremmler, wieder prallte der Ball zurück, Briegel vor die Füße, doch der schoß hoch übers Tor. Und gleich darauf sprang Rummenigge in die Flugbahn des von Littbarski hereingegebenen und von Hrubesch verpaßten Balles. Der landete aber nicht im Tor, sondern im Außennetz.

Immer wieder konnten sich die Algerier freispielen. Noch packte sie angesichts des deutschen Tores meist die Nervosität, und sie schossen aus 30 Meter Entfernung in Richtung Schumacher. Aber sie schossen wenigstens! Der sprunggewaltige Cerbah war im wesentlichen damit beschäftigt, den Ball nach den stupide, Mal um Mal hoch in den algerischen Strafraum geschlagenen Flanken, zu fangen. Erst in der 35. Minute mußte er auf der Torlinie den ersten Schuß abwehren, den kein Stürmer, sondern Dremmler abgegeben hatte.

Die Spanier waren von dieser Vorstellung der deutschen Mannschaft zutiefst enttäuscht. Erst zaghaft, dann recht lautstark, feuerten sie die Algerier an.

Als Kaltz zur Abwechslung den Ball einmal flach in den gegnerischen Strafraum beförderte, blieb Rummenigge einfach stehen. Mit zwei Schritten hätte er den Ball erreichen können. Und gleich darauf behinderten sich Hrubesch und Rummenigge nach einer Littbarski-Flanke gegenseitig.

Die Sensation ist perfekt: Belloumi (Nr. 10) kann völlig unbehindert eine Flanke von Assad annehmen und zum 2:1 ins Tor jagen – nur eine Minute nach dem Ausgleichstreffer der Deutschen!

Die Hoffnungen, in der Halbzeitpause würde Jupp Derwall seinen Spielern den Marsch blasen und danach könnte das deutsche Spiel besser, konsequenter, intelligenter laufen, trogen. Schon zwei Minuten nach dem Wechsel wären die Algerier beinahe in Führung gegangen. Assad und Dahleb versetzten im Doppelpaßspiel spielend leicht Kaltz, nach Assads Flanke strich der Ball an der Torlatte entlang. Zunehmend drängte sich das Spiel der deutschen Mannschaft in der Mitte zusammen. An diesem Tage hätte ihr ein Fußballplatz gereicht, der nicht breiter ist als der Strafraum.

Und dann passierte es. Belloumi stürmte von links völlig unbehindert in den Strafraum. Schumacher rannte aus dem Tor und stürzte sich Belloumi entgegen. Der schoß, von Schumachers Schulter sprang der Ball zur Seite, von rechts brauste Madjer heran und lenkte im Sprung den Ball ins Tor. Algerien führte in der 53. Minute 1:0 gegen den hohen Favoriten Deutschland!

So, als sei das nur ein kleiner Schönheitsfehler, trieben die deutschen Spieler ihr ideenloses Spielchen weiter. Einzig Stielike erkannte, daß ein Sieg so nicht mehr möglich war. Er versuchte wenigstens, Druck aus dem Mittelfeld, in das er vorgerückt war, zu entwickeln.

Hrubesch bekam nach einer Karambolage mit Torhüter Cerbah vom peruanischen Schiedsrichter Labo Revoredo die gelbe Karte gezeigt. Littbarski ließ einmal im Strafraum drei Gegner „aussteigen", doch sein Schuß war zu schwach, um Cerbah Schwierigkeiten zu bereiten.

Endlich entschloß sich Magath, die algerische Abwehrkette zu umgehen. Von links drang er in den Strafraum ein und knallte den Ball flach vors Tor – Rummenigge drückte rutschend den Ball über die Linie. 1:1 in der 68. Minute. Nun müßte es wohl besser laufen . . .

Weit gefehlt! Nach dem Wiederanstoß spielten sich die Algerier auf der linken Seite nach vorn. Assad bekam den Ball und sprintete leichtfüßig dem ihm nachlaufenden Magath davon. Flanke fast von der Torauslinie nach rechts. Belloumi war mitgelaufen, nahm – wieder mal völlig unbehindert – den Ball direkt und jagte ihn ins Tor. In der 69. Minute führte Algerien erneut, nun 2:1.

Chancen, wenigstens noch den Ausgleich zu erzielen, hatte die deutsche Mannschaft in der Schlußviertelstunde genug. Kopfbälle von Hrubesch verfehlten zweimal knapp das Tor. Littbarski köpfte Cerbah den Ball in die Hände. Magath schoß nach abgewehrtem Freistoß in die fangbereiten Arme des algerischen Torhüters.

Und da das Glück zumeist nur dem Tüchtigen hold ist, lächelte es dann auch noch den Algeriern zu. Ein von Littbarski erzieltes Tor erkannte Labo Revoredo (Peru) nicht an, weil Hrubesch zuvor den nach dem hohen Ball springenden Kourichi mit dem Arm weggedrückt hatte. Nach einer Flanke des für Magath ins Spiel gekommenen Fischer sprang Rummenigge höher als alle anderen, erwischte mit der Stirn auch den Ball, doch der prallte vom Lattenkreuz zurück. Und als sich in der Schlußminute Briegel endlich einmal ein Herz nahm und kraftvoll in den Strafraum stürmte, parierte Cerbah im Fluge den Schuß des Lauterers.

Außer sich vor Freude rissen die Algerier beim Schlußpfiff die Arme hoch. „Wir haben heute verdient gewonnen“, stellte Trainer Khalef fest. „Wir sind nicht die bessere Mannschaft, aber wir haben besser, einfacher gespielt als die Deutschen. Fußball ist keine Wissenschaft!“

Trotz innerer Erregung und großer Freude über diesen Erfolg, den größten des algerischen Fußballs bisher – und das kurz vor dem 20. Jahrestag der Unabhängigkeit des Landes –, hatte sich Khalef in der Gewalt. Daß der noch immer bleiche, deutsche Bundestrainer Jupp Derwall nachher in den algerischen Mannschaftsbus kletterte, um dem Sieger zu gratulieren, das schien Khalef die wertvollste Anerkennung. *Karl-Heinz Heimann*

Karl-Heinz Rummenigge über das Spiel:

Dieser Mittwoch begann schon ganz charakteristisch – ganz verquer nämlich. In Mareo, dem Trainingscamp von Sporting Gijon, wohin sich unsere Mannschaft einen Tag vor dem Algerien-Match zurückgezogen hatte, wollte es nicht einmal mit der Nachtruhe klappen. Gegen halb zwei Uhr, zu einem Zeitpunkt also, wo normalerweise die gesamte Mannschaft schläft, fing ein Hund im Hinterhof des Camps plötzlich ein fürchterliches Gebell an. Eine geschlagene Stunde lang bellte, jaulte und kläffte das Tier; an Schlaf war nicht zu denken, und wir standen müde auf den Gängen herum. Keiner wußte, wie man einem spanischen Straßenköter die Bedeutung der Nachtruhe einer Fußballelf klarmachen konnte.

Und so verfahren ging es dann ja auch weiter. 1979 hatte ich schon einmal gegen die Algerier – damals mit dem FC Bayern – gespielt, und sie waren mir als technisch sehr beschlagen, diszipliniert, aber nicht übermäßig konditionsstark in Erinnerung geblieben. Für so kampfstark, so begeisterungsfähig und so einsatzfreudig aber, wie sie am 16. Juni 1982 im Stadion „El Molinon" auftrumpften, habe ich sie wirklich nicht gehalten.

Vielleicht schätzten wir alle unseren ersten Gegner nicht richtig ein. Jupp Derwalls berühmt gewordener Ausspruch: „Wenn wir gegen die Algerier nicht gewinnen, dann fahre ich mit dem Zug nach Hause!" stellt ja nicht die Überheblichkeit eines Trainers dar. Dieser Spruch spiegelt vielmehr

Kraftvoll setzt sich Karl-Heinz Rummenigge im Zweikampf gegen den Algerier Guendouz durch, doch konnten die Anstrengungen des deutschen Mannschaftskapitäns dem Spiel keine Wende mehr geben.

wider, was wir alle glaubten, was die ganze Mannschaft vor dem Anpfiff dachte. Nicht im Traum haben wir uns vorgestellt, daß sie gegen uns ein Tor machen könnten!

Als es nach 30 Minuten immer noch 0:0 stand und langsam klar wurde, daß unser Vorhaben, möglichst schnell ein Tor vorzulegen, nicht klappen würde, kam zum erstenmal eine leichte Spannung auf. Aber noch in der Halbzeitpause, in der Kabine, war von Pessimismus nichts zu spüren. Daß ein Tor für uns fallen würde, fallen müsse – davon waren wir alle fest überzeugt. Und in der 2. Halbzeit hat man dieses „Wir-müssen-Gefühl" bei jedem ja auch deutlich gespürt. Es wurde gestürmt, beinahe alle sind mit nach vorne gerannt, und alles schien seinen gewünschten Gang zu nehmen – bis plötzlich dieser Konter zum 0:1 kam.

An eine Niederlage glaubte auch da noch niemand. Den Schmerz der Zerrung, die ich mir bei meinem Ausgleichstreffer zuzog, habe ich fast nicht gespürt, so groß waren die Freude und die Erleichterung über das Tor. Jetzt wird alles gut, jetzt kippt das Match und jetzt gewinnen wir doch noch – so dachten wir alle. Diese kurze Euphorie, diese Gewißheit, daß jetzt doch noch alles klappt, war unser großer Fehler. Die Algerier nutzten unsere kurze Unkonzentriertheit prompt zum 1:2, und der Schock, die Ernüchterung über dieses Gegentor saßen noch tiefer als beim 0:1.

Nach dem Schlußpfiff, in der Kabine, war die Niedergeschlagenheit förmlich zu spüren. Unbegreiflich, unfaßbar war uns allen dieses 1:2.

Dieses Transparent hatten Schlachtenbummler aus der Bundesrepublik auf der Tribüne in Gijon angebracht; der Popularität des Stars der deutschen Mannschaft konnte auch die Niederlage gegen Algerien keinen Abbruch tun.

Chile – Österreich 0:1 (0:1)

Österreich hatte eine ganz einfache Rechnung für die WM aufgemacht: Chile und Algerien mußten geschlagen werden, damit die abschließende Partie gegen den Erzrivalen Deutschland ganz locker angegangen werden konnte. Denn vier Punkte aus den beiden Partien müßten zum „Aufstieg“, wie die Österreicher das Erreichen der 2. Finalrunde formulierten, eigentlich reichen.

Eigentlich! Die Pleite der Deutschen gegen Algerien warf alle Vorausberechnungen unserer Nachbarn über den Haufen. Ihr Trainer Georg „Schurl“ Schmidt rang nach dem Schlußpfiff der Partie Deutschland – Algerien nach Luft: „An die Möglichkeit einer deutschen Niederlage im Eröffnungsspiel haben wir selbst im Traum nie gedacht.“ Plötzlich war alles ganz anders. Die Exoten hatten sich, auch in den anderen Gruppen, am ersten Spieltag der Weltmeisterschaft als überraschend spielstark entpuppt. Sollte Österreich auch Chile schlecht eingeschätzt haben? Waren die Südamerikaner doch stärker als erwartet?

Bange Fragen vor dem 1. Spiel in Oviedo, rund 30 Kilometer von Gijon entfernt. Das Stadion des Zweitligisten war auf Hochglanz poliert, als sich die beiden Teams vor 22000 Zuschauern dem uruguayischen Schiedsrichter Cardellino präsentierten.

Die Österreicher mußten auf Kurt Jara verzichten, dessen Wadenbeinbruch noch nicht ausgeheilt war, den er sich in einem der letzten Meisterschaftsspiele für seinen Verein Grasshoppers Zürich zugezogen hatte, der Schweizer Meister geworden war.

Chiles Trainer Santibanez hingegen konnte auf seine

Im Spiel gegen Österreich wurde Chiles Mittelstürmer Caszely im Strafraum gefoult; den verhängten Elfmeter führte er selber aus und verfehlte das Tor, die Chance zum 1:1-Ausgleich war vergeben.

stärkste Mannschaft zurückgreifen; sie hatte sich seit dem 15. Februar auf diese WM-Endrunde vorbereitet. Den Kampf der Schlachtenbummler vor dem Anpfiff gewannen eindeutig die Chilenen, zumal als ihre Spieler Plastikbälle ins Publikum geschossen hatten. Den Kampf auf dem Spielfeld entschieden schließlich nach einer höchst mäßigen Partie die Österreicher mit 1:0 (1:0) für sich.

Doch der Reihe nach: Die Chilenen hatten die erste große Chance, als ihr pummeliger, aber trickreicher Mittelstürmer Caszely Österreichs Vorstopper Pezzey aussteigen ließ, dann aber mit Torhüter Koncilia zusammenprallte, der den Ball zur Ecke lenkte (3.). Zwei Minuten später hob Hintermaier aus halblinker Position einen Freistoß in den Strafraum der Chilenen; Pezzey schraubte sich hoch, doch Osben hielt den Kopfball.

Bruno Pezzey, der bei Eintracht Frankfurt ja die Libero-Position innehat, fand in der Folgezeit keine Bindung zum Spiel. Er trieb sich mehr im Mittelfeld und Angriff herum, statt seine Defensivaufgaben zu erfüllen. Das hätte, wären die Chilenen schußstärker gewesen, böse Folgen haben können. Denn Rechtsaußen Yanez – phantastisch, wie eng er den Ball am Fuß führen kann –, Mittelstürmer Caszely und der aus dem Mittelfeld in die Spitze drängende, flinke Moscoso wirbelten die österreichische Abwehr gehörig durcheinander. Am Strafraum aber waren sie mit ihrem Latein am Ende.

Anders die Österreicher. Kühl und überlegt setzten sie ihre Konter an. Einer von ihnen lief über den rechten Verteidiger Krauss. Der ehemalige Deutsche aus Westfalen, der, um in der österreichischen Nationalmannschaft zu spielen, die Nationalität des Nachbarlandes angenommen hat, flankte im Stil eines Manfred Kaltz in die Mitte. Dort war Walter Schachner mitgelaufen. Sträflich ungedeckt setzte er zum Kopfball an, suchte sich die lange Ecke aus – und Österreich führte 1:0

Chile spielte weiter offensiv. Vier Minuten, nachdem die Südamerikaner in Rückstand geraten waren, hatte sich wieder Caszely in den Strafraum gedrängelt. Hattenberger ließ das Bein stehen – Schiedsrichter Cardellino aus Uruguay entschied sofort auf Elfmeter.

In Europa besagt eine alte Fußballerweisheit, der Gefoulte solle nie einen Strafstoß schießen, denn er sei nicht konzentriert genug. In Südamerika scheint dieser Satz nicht zu gelten; jedenfalls ignorierte ihn Caszely. Er schnappte sich das Leder und schoß – links am Tor vorbei ...

Bis zur Halbzeit hatte Österreich noch manch brenzlige Situation zu überstehen. In der Kabine bliesen die Trainer Schmidt und Latzke ihren Schützlingen gehörig den Marsch. Die Folge: In der 2. Halbzeit stand die österreichische Deckung relativ sicher, aber das Spiel wurde langweilig.

Österreich wartete nur noch auf Konterchancen. Schachner hatte zwei hochkarätige, doch in der 65. Minute lenkte Torwart Osben den Ball an den Pfosten, in der 77. Minute hielt er Schachners Schuß.

Obwohl von den chilenischen Schlachtenbummlern immer wieder angefeuert („Chi-Chi-Chi-le-le-le"), erlahmten die Kräfte der Chilenen. Fünf Minuten vor dem Abpfiff intonierte die Deutschmeister-Blaskapelle, die zur Unterstützung ihres Teams angereist war, „Immer wieder Österreich". Der Sieg war in der Tasche. Österreich war Gruppenzweiter hinter Algerien.

Drei Tage später, am Sonntag, sollten die Verlierer des 1. Durchgangs aufeinandertreffen. Für Chile und Deutschland ging es um alles oder nichts. Der Verlierer konnte schon die Koffer packen; für ihn würde das 3. Vorrundenspiel nur ein Freundschaftsmatch sein.

Rainer Kalb

Deutschland – Chile 4:1 (1:0)

Der Schock des 1:2 gegen Algerien saß tief. Kaum im Mannschaftshotel „Principe de Asturias“ angelangt, verkrochen sich die deutschen Stars in ihre Zimmer; kaum einer traute sich mehr herunter in die Lobby, um nur ja nicht den wartenden Reportern in die Fänge zu laufen. Auch Jupp Derwall, der schwergeschlagene Bundestrainer, hätte sich die nun folgende Plauderstunde mit der Presse am liebsten erspart.

„Am schönsten wäre es für mich gewesen, wenn ich nun nicht hier bei Ihnen Rede und Antwort stehen müßte“, gab Derwall Einblick in sein Inneres. Dann jedoch setzte er zu einer schonungslosen Ursachenforschung an, deren Heftigkeit alle überraschte. „Das ist eine bittere Pille für uns“, meinte er, immer noch ganz fahl im Gesicht. „Das ist ein Schock für die Mannschaft, eine Katastrophe. Wir stehen buchstäblich mit leeren Händen da. Es ist richtig, daß entscheidenden Leistungsträgern der Mannschaft heute die Kraft und Frische gefehlt hat, die normale Form.“

Besonders im deutschen Mittelfeld machte Derwall Schwachstellen en masse aus: „Da dachten einige, sie könnten die Deckung total vernachlässigen; das wiederum hat dazu geführt, daß unsere Abwehr überlastet wurde. Was dann passierte, haben wir gesehen.“

Der Bundestrainer wirkte ratlos, wie vor den Kopf gestoßen. „Wenn die Substanz bei wichtigen Spielern fehlt, dann kann man die nicht von heute auf morgen ersetzen. Genau der Punkt ist es aber, der mich so erschreckt, daß dieser Kräfteeinbruch schon im ersten Spiel einer schweren WM passiert ist. Da hilft von mei-

Beim zweiten Spiel der deutschen Mannschaft, gegen Chile, galt es, die Schlappe des 1:2 gegen Algerien wettzumachen; kraftvoll setzt sich hier Paul Breitner ein, um den Chilenen Juan Letelier zu bremsen.

ner Seite kein Reden mehr, da hilft auch Streicheln wenig. Ich bin enttäuscht, daß meine Schlüsselspieler wie Breitner oder Magath mit untergegangen sind – ohne Gegenwehr."

Wie kategorisch Jupp Derwall sein eigenes Schicksal mit dem seiner WM-Elf innerlich verknüpft hatte, verriet seine Antwort auf die Frage, bis zu welchem Einsatz er auf den Erfolg seiner Mannschaft bei seiner Wette gesetzt hätte. Derwall überlegte nur ganz kurz und sagte tonlos: „Bis zum Tode!"

So gesehen mußte einiges im deutschen Bundestrainer abgestorben sein an jenem deprimierenden Spätnachmittag im „Estadio Molinon“ zu Gijon.

Den Zorn der mitgereisten deutschen Schlachtenbummler bekam die Mannschaft noch in derselben Nacht zu hören, so daß es vor allem den Stars in den Ohren klingen mußte. „Breitner, gib das Geld zurück, Rummenigge, du Hund!“ brüllte einer der Fans gegen 0.45 Uhr die nächtliche Fassade empor. Dem folgte ein verächtliches „Pfui!“

Im Brennpunkt der Kritik befand sich in den kommenden Tagen besonders Paul Breitner, der gegen die Algerier nichts zuwege gebracht hatte und damit in krassen Gegensatz zu seinem Anspruch als Kopf und Vordenker der deutschen Elf geraten war. Er, der auch von den Mitspielern als „Boß“ nur geduldet wurde, solange er eine Topleistung für das Team lieferte, hatte sich eine Blöße gegeben. Anspruch und Leistung klafften meilenweit auseinander. Saft- und kraftlos, richtiggehend geistig und körperlich „ausgepowert“ wirkte der Münchner Spielmacher. Mit einem Wort: plötzlich angreifbar.

Doch anstatt mit einer ehrlichen Erklärung bei den Medien samt heimischem Publikum wieder Pluspunkte zu sammeln („mea culpa!“), wollte Breitner von seiner Verantwortung nichts mehr wissen. Während der junge Kölner Pierre Littbarski sich der Presse stellte, weinte sich Breitner an der breiten Brust des örtlichen Vertreters einer deutschen Sportschuhfirma aus. Der Boß kniff, ein Superstar ließ die nötige Größe vermissen, die von einem wahren Star gerade in der Niederlage erwartet wird.

Als Breitner am kommenden Mittag endlich im Trainingszentrum „El Mareo“ der internationalen Presse

Rede und Antwort stand, gewandet in ein buntschillerndes Hawaii-Hemd und Bermuda-Shorts, blieben seine Erklärungsversuche ungewohnt oberflächlich. Wie der bis dato führende Mann der Nationalelf Gründe für das Unfaßbare zusammenbastelte, wirkte er geradewegs so, als wäre er in dem Augenblick lieber mit dem nächsten Jet in den Urlaub nach USA abgedüst. Ratlosigkeit schimmerte durch: „Man kann dazu kaum etwas sagen ... Meine Leistung hat keine Bedeutung ... Über Konsequenzen müssen Sie mit dem Bundestrainer reden, das ist nicht mein Bier."

Gleich beim ersten Ballkontakt gelang Uwe Reinders kurz nach seiner Einwechslung mit einem kraftvollen Schuß sein erstes Länderspieltor überhaupt, das 4:0 gegen Chile.

Jupp Derwall, der am Vorabend noch „Maßnahmen“ angekündigt hatte, wollte von einer Umstellung der Elf nun plötzlich auch nichts mehr wissen. „Es wird keine Konsequenzen geben, sondern höchstens personelle Anpassungen an den nächsten Gegner Chile.“ Derwall ganz mit Watte in der Stimme: „Konsequenzen ... das hört sich doch an wie Rausschmiß!“

Trauriger Beleg der tiefgreifenden Verunsicherung, die neben dem Bundestrainer und der Mannschaft in jenen Stunden zwischen den Spielen auch die Vertreter der offiziellen DFB-Delegation beschlich, war ein Vorkommnis am Nachmittag. Während Hansi Müller, Uli Stielike, Klaus Fischer und Wilfried Hannes nach Oviedo fuhren, um sich das Match der beiden kommenden Gruppengegner Österreich und Chile anzusehen, erlebte die daheimgebliebene deutsche Restelf vor dem Fernsehschirm eine mehr als peinliche Überraschung: Das Spiel wurde in der spanischen Television gar nicht live übertragen. „Wenn ich das gewußt hätte“, maulte der Stuttgarter Vorstopper Karlheinz Förster, „wäre ich doch selbstverständlich auch mit rüber ins Stadion gefahren.“

Jupp Derwall bat sich derweil eine „Denkpause“ bis zum Wochenende, einen Tag vor dem Spiel gegen die Chilenen, aus. Im Abschlußtraining nahm er Horst Hrubesch, den Hamburger Mittelstürmer, zur Seite: „Horst, du bist mir doch nicht böse, wenn ich dich gegen Chile nicht mehr aufstelle?“ Doch eine knappe Stunde später, bei der abschließenden Mannschaftsbesprechung in „Mareo“, durfte Hrubesch dennoch seinen Einsatz gegen Chile vernehmen. Ein Bundestrainer, der tagelang in seiner Meinung geschwankt hatte wie ein Schilfrohr im Wind, präsentierte der staunenden Öffentlichkeit eine faustdicke Überraschung: Gegen Chile werde dieselbe Elf wie gegen Algerien spielen.

Die schwerste Niederlage einer deutschen Fußball-Nationalelf seit Jahren war also ohne Konsequenzen geblieben. Derwalls Begründung: „Diese Mannschaft genießt nach wie vor mein Vertrauen. Sie hat sich selber in die Bedrängnis gebracht, jetzt soll sie sich auch selber wieder aus dem Sumpf ziehen!"

Darüber, daß Jupp Derwall im wohl schwierigsten Moment seiner Amtszeit hoch, unglaublich hoch pokerte, waren sich alle Beobachter einig. Tenor: „... wenn das mal nur gutgeht."

Als die Mannschaft von „Mareo" zurück ins Hotel kam, feuerte der Hrubesch-Ersatz Klaus Fischer wütend seine Trainingstasche in die Ecke. Karl-Heinz Rummenigges Gesicht war noch um eine Spur kantiger, der Ausdruck kalt, fast wild entschlossen geworden, als er sich in den Stunden vor dem Schicksalsspiel gegen die Chilenen noch einem letzten Interview stellte. „Noch nie befand sich eine deutsche Nationalelf in einer so verfahrenen Situation wie wir im Moment", erkannte Kalle. „Bei den meisten schwingt jetzt sogar Angst mit."

Und wie die Angst den Deutschen am kommenden Nachmittag Punkt 17.15 Uhr Beine machte!

Auferstehung oder Untergang in schwärzeste Tiefen – diese Alternative schwebte wie eine drohende Gewitterwolke über dem Spiel der deutschen Elf, als sie sich wie die Feuerwehr auf die Chilenen stürzte. Die Schlachtrufe der Fans von der Gegenseite („Chi-Chi-Chi, le-le-le, viva Chile!!!) stachelten die Jungs um Rummenigge nur noch mehr auf. In der 6. Minute: Deutschlands erste

Torchance durch Hrubesch – Osben hält den 16-Meter-Flachschuß mühelos.

Dann die 9. Minute: Littbarski, der kleine Kölner Dribbelkönig, fummelte sich am chilenischen Strafraum entlang, lief fast auf Rummenigge auf, doch der schlug „Litti" praktisch den Ball von den Beinen weg in Richtung gegnerisches Gehäuse. Osben tauchte – und ließ das scharf getretene Leder unter dem Pulli ins Tor rutschen. 1:0 für Deutschland, das gewünschte, heiß ersehnte „schnelle Tor" war gefallen. So hoch hat man Rummenigge nach einem Treffer lange nicht mehr vor Freude springen sehen!

In der 26. Minute hatte Hrubesch die Chance, zu erhöhen, verfehlte aber rutschend den Ball. Schon jetzt war zu sehen, daß der Hamburger, ausgelaugt von einer langen Saison, einen erneuten Einsatz durch Derwall nicht rechtfertigte. Zwei Minuten später wieder Rummenigge: Zuspiel von Littbarski, Kalle zog sofort aus der Drehung ab – Außennetz. Pech! Auch Magath ging es sechs Minuten darauf nicht besser, auch sein sehenswerter Drehschuß strich am Tor knapp vorbei.

Breitner, erneut saft- und kraftlos, scheu in den direkten Zweikämpfen, wurde angeschlagen. Bonvallet trat ihn an den Oberschenkel, Marke „Pferdekuß". Paul quälte sich weiter in Richtung Halbzeit. Da stand es 1:0 für Deutschland.

Als Fans ein Spruchband entrollten: „SV Werseclub Drensteinfurt grüßt den Weltmeister Deutschland", drehte sich oben auf der Tribüne DFB-Präsident Hermann Neuberger stöhnend ab: „Mensch, packt doch das Ding wieder ein!"

2. Halbzeit. Die deutsche Elf begann mit Eifer, Kampf

Da sah „Manni" Kaltz aber schlecht aus: Moscoso schob ihm in der Schlußminute den Ball durch die Beine und erzielte den Ehrentreffer für die Chilenen.

und Feuer, kam über den Einsatz langsam, aber sicher ins Spiel. Dennoch fehlten immer noch der Druck, die überzeugenden Impulse und Ideen.

So fiel das 2:0 auch nach zwei tollen Einzelleistungen: Littbarski dribbelte sich an seinem Bewacher Bigorra vorbei, flanke schön nach innen auf den freistehenden Rummenigge, und dessen Kopfball prallte von der Hand Osbens ins chilenische Tor. In der 60. Minute verließ Hrubesch nach einem Solo in letzter Sekunde die Kraft, Osben rettete.

In der 61. Minute ging Paul Breitner entkräftet vom Platz. Jupp Derwall hielt in der Rolle des Assistenten die

Nummerntafel hoch. Für den angeschlagenen Breitner kam Matthäus. Dann die 67. Minute: Rummenigge paßte kurz zu Magath, der ließ den Ball an der Strafraumkante schnell prallen, Rummenigge spritzte dazwischen und spitzelte das Leder aus 16 Metern unhaltbar für Osben in die rechte untere Ecke.

3:0 für Deutschland. Drei prachtvolle Treffer durch seinen Kapitän Karl-Heinz Rummenigge. Tore, von denen am Abend ganz Spanien sprach, immer und immer wieder gezeigt in den WM-Sondersendungen!

Die Deutschen gerieten nun – bei weniger Gegenwehr der Chilenen – prächtig in Spiellaune. In der 70. Minute gelang Rummenigge mit einem raffinierten, ansatzlosen Heber beinahe noch der vierte persönliche Tagestreffer, doch die Querlatte rettete für Chile.

Dann folgte doch noch das 4:0 für Deutschland! In der 82. Minute, kaum für Littbarski ins Spiel gekommen, gelang dem Bremer Rechtsaußen Uwe Reinders beim allerersten Ballkontakt überhaupt mit einem schönen Linksschuß aus 18 Metern sein erstes Länderspieltor. Vorlage von Hrubesch. „Ich kann mit dem Hrubesch nicht nur auf einem Zimmer schlafen", grinste Reinders hinterher überglücklich. „Wir können sogar zusammen Fußball spielen!" Daß den entnervten Chilenen in der 90. Minuten noch durch den flinken Moscoso der Ehrentreffer gelang (Kaltz ließ er dabei stehen wie eine Parkuhr!), beweist allerdings, daß die deutsche Elf den Schock des Algerien-Alptraums bei weitem noch nicht völlig weggesteckt hatte. „Bei uns herrscht nun große Erleichterung, aber keineswegs Euphorie", atmete Bundestrainer Jupp Derwall nach dem Spiel im Hotel befreit auf. *Werner-Johannes Müller*

Karl-Heinz Rummenigge über das Spiel:

Die vier Tage zwischen unserer 1:2-Niederlage gegen Algerien bis zum Chile-Spiel am Sonntag waren schlimm. In meiner sportlichen Laufbahn habe ich bisher schon einiges erreicht, viel erlebt und – gerade in diesem Jahr – auch viel verloren. Vor allem das Europacup-Finale gegen Aston Villa mit dem FC Bayern in Rotterdam. Aber so deprimiert war ich noch nie, und noch nie stand ich unter einem derart extremen Druck wie in diesen vier Tagen.

Nach dem Algerien-Spiel war die Enttäuschung und Verbitterung der deutschen Fans groß – und entsprechend ihre Reaktion beim Training der Nationalmannschaft, das erst fortgesetzt wurde, als dieses Transparent entfernt war.

Wir wußten genau: Wenn wir uns jetzt nicht steigern, wenn wir gegen Chile nicht gewinnen, schrumpfen auch unsere früheren Nationalmannschafts-Erfolge in der Öffentlichkeit auf ein Nichts zusammen . . .

Am Mittwochabend trafen wir uns sofort zur „Lagebesprechung": Trainer Jupp Derwall, Assistenz-Trainer Erich Ribbeck, Junioren-Coach Berti Vogts und ich als Mannschaftskapitän. Auch wir mußten den Schock erst herunterschlucken, bevor wir unsere Maßnahmen beraten konnten. Ich machte den Vorschlag, gegen Chile mit der alten Elf einzulaufen, die Deutschland gegen Algerien jene 1:2-Suppe eingebrockt hatte, die nun unbedingt ausgelöffelt werden mußte.

Wie wir uns rehabilitieren konnten, das führten uns zwei Tage später die Argentinier in ihrem Spiel gegen Ungarn besonders klar vor Augen. Der unbändige Wille zum Sieg, die beeindruckende Kampfkraft des Titelverteidigers imponierten uns allen. So wollten auch wir gegen Chile spielen – und gewinnen. Uns allen „lag im Magen", daß ich – bis eine Stunde vor Spielbeginn – noch immer nicht wußte, ob ich überhaupt spielen konnte. Die Oberschenkelzerrung machte mir weiterhin zu schaffen.

Eine halbe Stunde vor dem Aufbruch der Mannschaft fuhr ich mit Erich Ribbeck, Mannschaftsarzt Professor Hess und Masseur Deuser ins Stadion voraus. Zusammen mit Erich Ribbeck machte ich Lauftests. Wir trabten langsam los und steigerten das Tempo allmählich bis zu Sprints, um die Extrembelastung zu proben. Bei schnellen

Drei Tore gegen Chile durch Rummenigge – mit vier Treffern insgesamt schob er sich an die Spitze der Torjägerliste. Zu Recht wurde er von der Sportpresse zum besten Spieler der 1. Finalrunde ernannt.

11

Spurts war immer noch ein leichtes Ziehen im Muskel zu spüren, aber das Wissen, daß unsere Elf „mit dem Rücken zur Wand“ stand und unbedingt gewinnen mußte, machte mir die Entscheidung leicht. Als der Bundestrainer auf den Platz kam, hatte ich schon beschlossen, zu spielen. Und wäre ich noch unschlüssig gewesen – Jupp Derwalls Gesicht, diese Mischung aus Hoffnung und Bangen, dazu seine Frage: „Kalle – wie geht's? – ich hätte auf jeden Fall gesagt: „Trainer, es geht. Ich spiele.“

Auch als ich die Umkleidekabine erreichte, in der sich meine Kameraden bereits umzogen, kam von allen Seiten die Frage: „Kannst du spielen? – Wie läuft's?“

Im Spiel lief es dann ja ganz gut. Kurz vor dem Mittagessen hatte mich Franz Beckenbauer besucht und von seinen eigenen Erfahrungen 1974 nach dem 0:1 gegen die DDR erzählt. Auch damals sei die Mannschaft geschockt gewesen, habe dann aber gemerkt, daß es ohne Kampf nicht geht.

Wir haben die Chilenen auf dem Spielfeld 60 Minuten lang niedergekämpft und, als ihre Kondition langsam nachließ, fast 30 Minuten lang niedergespielt. Natürlich war mein frühes 1:0 beruhigend, aber das Gefühl: „Jetzt packen wir's, jetzt gewinnen wir wirklich“, das kam erst nach meinem Kopfball zum 2:0. Zehn Minuten vor Schluß wurde meine Siegesstimmung ziemlich gedämpft, als nach einem scharfen Volleyschuß plötzlich wieder die Schmerzen im rechten Oberschenkel auftraten. Paul Breitner und Pierre Littbarski waren schon ausgewechselt worden, also konnte ich nicht vom Platz – sonst hätten die anderen zehn weiterspielen müssen. Ich verständigte mich kurz mit der Trainerbank und spielte die letzten neun, zehn Minuten im hinteren Mittelfeld, schon halb im Schongang, denn

Dicke Luft im deutschen Strafraum: Der Chilene Gamboa ist durchgebrochen, Karlheinz Förster macht vergeblich ein langes Bein, Harald Schumacher muß retten.

schließlich stand es inzwischen 4:0, der Sieg war unter Dach und Fach.

Das Gegentor kurz vor Schluß, ein Schönheitsfehler am Spielergebnis, konnte unsere Freude über den Sieg nicht trüben. Unser Gefühl, jetzt wieder Fuß gefaßt zu haben, wog besagten Schönheitsfehler auf.

Im spanischen Fernsehen wurde ich am Abend als grimmiger, scharfschießender Torjäger karikiert, denn mit meinen drei Treffern, plus jenem aus dem blamablen Algerien-Spiel, stand ich jetzt an der Spitze der gerade gültigen

Torschützenliste der WM, und das machte mir Freude. Aber der Sieg unserer Mannschaft bedeutete mir trotzdem mehr als dieser persönliche Torerfolg.

Algerien – Österreich 0:2 (0:0)

Fünf Tage lagen zwischen dem ersten WM-Auftritt der Mannschaft Algeriens und dem zweiten Spiel gegen Österreich. Fünf Tage, die Trainer Khalef vor allem dazu nutzte, verlorene Kraft möglichst wieder aufzutanken, Tage, in denen er seinen Spielern aber auch klarmachte, „. . . daß ihr in die Fußballgeschichte unseres Landes eingeht, aber deswegen keinen Grund habt, nun so überheblich zu werden, wie die Deutschen es waren".

Im österreichischen Lager herrschte während dieser Zeit Ratlosigkeit. Waren denn nicht die Algerier während eines Testspiels in Oviedo über den Platz gestolpert? Hatte denn bei jenem Spiel nicht Edi Finger, der österreichische Rundfunkreporter, der während eines Spiels so herrlich mitleidet und sich mitfreut, zufrieden nach einer Stunde seinen Notizblock zusammengeklappt und war mit der Bemerkung gegangen: „Die packen wir locker . . ."? Und dann die Sensation, der Sieg der Nordafrikaner über Deutschland!

Wie stark ist Algerien wirklich? Um diese Frage kreisten alle Diskussionen draußen in Candas, dem Dorf an der Küste.

Die Österreicher jedenfalls hatten einen Heidenrespekt vor ihrem Gegner. Und da der wegen des nach dem ersten Spiel besseren Torverhältnisses mit einem

Unentschieden zufrieden gewesen wäre, tat auch er nicht allzuviel zum Spielaufbau. So sahen die 28 000 Zuschauer in Oviedo in der 1. Halbzeit einen ganz müden, fast lustlosen Fußball. Man glaubte sich vier Jahre zurückversetzt nach Argentinien, wo fast jede Mannschaft vor Spielbeginn schon mit einer Punkteteilung zufrieden gewesen war und entsprechend verhalten gespielt hatte.

Spielerische Akzente setzten in den ersten 45 Minuten nur die Algerier. Die wechselten wenigstens hin und wieder das Tempo und den Rhythmus, verlagerten das Spiel. Traumhaft sicher, wie schlafwandlerisch, wurde der Ball im Mittelfeld von Station zu Station weitergege-

Friedl Koncilia rettete mit einer tollen Leistung den 2:0-Sieg der Österreicher gegen Algerien; seine Team-Kameraden Hintermaier, Degeorgi und Baumeister (von links) konnten sich auf ihn verlassen.

ben. Eine Schrecksekunde gab es, als Guendouz, der Libero, nach zehn Minuten über den Ball trat. Kein Österreicher weit und breit! Nach 25 Minuten hatten die Algerier abermals Glück: Schachner zog aus elf Metern ab, aber Pezzey, der Mannschaftskamerad, stellte sich ihm in den Weg.

Doch die Chancen der Österreicher entstanden nur vereinzelt, waren nicht zwingend herausgespielt. Ganz anders die Algerier: Zidane, Assad und Madjer stellten Koncilia im Austria-Tor immer wieder auf die Probe.

Dann kam die 32. Minute: Das mußte doch einfach ein Tor sein! Die österreichische Abwehr spekulierte fälschlicherweise auf Abseits; Madjer erhielt mutterseelenallein den Ball. Sechs Meter vor dem Tor zog er ab – doch Tausendsasa Koncilia war blitzschnell am Boden und drehte den Ball noch mit einer Hand um den Pfosten.

Ja, dieser Koncilia! Ohne ihn im Tor hätten die Österreicher gewiß schon Gegentore eingefangen. Unglaublich, wie der 34jährige nach einer halbjährigen Sperre, an die sich eine Verletzungspause anschloß, wieder in Form gekommen war! Wurde er gefragt, wie lange er noch im Tor der Nationalmannschaft stehen wolle, antwortete er mit einem Lächeln im Gesicht: „Bis ich die Handschuhe meinem Sohn übergeben kann!“ Der ist zwölf und hat, wie Kenner behaupten, noch mehr Talent als der Herr Papa. Halbzeit. In der österreichischen Kabine ging ein Donnerwetter nieder. Assistenz-Trainer Felix Latzke, in solchen Fällen direkter und heftiger als Cheftrainer Schmidt: „Meine Herren, Sie vergessen wohl, daß wir gewinnen müssen!“

Die Algerier hatten gemerkt, daß Österreich an diesem Nachmittag zu schlagen war. Zu langsam spielten die Austria-Fußballer. Unter vielen mäßigen Spielern war Bruno Pezzey der schwächste. Katastrophal, was er so zusammenspielte. Hinterher versuchte Pezzey zu erklären: „Ein Formtief, das kommen mußte. Nach meiner Sprunggelenkverletzung habe ich zwei Wochen lang täglich fünf Stunden trainiert, um für die WM fit zu sein. Ein Rückfall ist dann nicht zu vermeiden."

Die Algerier wurden mutig. Angetrieben von ihren begeisterten Fans, lockerten sie die Defensive. Da nahm das Unheil seinen Lauf: Kourichi, der Stopper, und Libero Guendouz an der Mittellinie, ein Fehlpaß, Konter, Welzl – als dritter Stürmer neben Schachner und Krankl zur Halbzeit eingewechselt – schoß, der Abpraller fiel Schachner vor die Füße, welcher nicht fackelte. 1:0 in der 56. Minute. Zwölf Minuten später erfolgte ein Konter – wieder über Welzl, der in der Mitte den völlig freistehenden Krankl sah. Paß, Direktschuß, und es hieß 2:0.

Algerien vergab durch Assad noch eine Riesenchance, wenigstens das Anschlußtor zu erzielen, das in der Endabrechnung so wichtig sein konnte. Aus – vorbei! Die sympathischen Boys aus Nordafrika hatten eine zweite Sensation nicht geschafft, aber wieder toll gespielt.

Völlig ausgelaugt, aber mit leuchtenden Augen bestiegen sie nach dem Schlußpfiff ihren Bus. Bis zum nächsten Spiel gegen Chile blieben nur drei Tage zur Erholung. „Und wenn das nicht reicht?" – Kapitän Fergani: „Dann fahren wir hocherhobenen Hauptes in unsere Heimat zurück."

Und der technische Direktor Mekhloufi ergänzte: „Egal, ob wir die 2. Finalrunde erreichen oder nicht: Wir haben frischen Wind in den Weltfußball gebracht."

Derweil rüsteten die Österreicher zur Schlacht gegen Deutschland. Sie hatten vier Punkte, ihr letzter Rundengegner erst zwei. Und alle sagten, gegen Deutschland würden sie stärker spielen als gegen Chile und Algerien, wo zwei mäßige Leistungen zu drei Toren und vier Punkten gereicht hatten. *Rainer Kalb*

Algerien – Chile 3:2 (3:0)

Im chilenischen Lager war nach den beiden verlorenen Begegnungen gegen Österreich und Deutschland die Hölle los. Verbandspräsident Abel Alonso Sopelana attackierte den chilenischen Trainer „Don Lucho" Santibanez in aller Öffentlichkeit und warf ihm „mangelnde technische Kenntnisse" vor. Doch der korpulente Verbandscoach, der während der WM-Endrunde seinen Leibesumfang noch um einige Zentimeter vergrößerte, blieb seiner Linie treu. Er wusch sein Gewissen rein, indem er die heftigen Angriffe von seiten der chilenischen Presse auf seine Spieler abwälzte. „Einige von ihnen haben nicht erkannt, daß in einer Fußball-Weltmeisterschaft ein ganz anderer Wind bläst. Ich bin von der Berufsauffassung meiner Schützlinge zutiefst enttäuscht", knurrte der gern polemisierende Nordchilene, der schon längst zur Zielscheibe der hier akkreditierten chilenischen Presse geworden war.

Im Kreuzfeuer der Kritik war auch Stürmerstar Carlos Caszely, der nach dem verschossenen Elfmeter gegen Österreich „Verräter der Nation" tituliert wurde. Zwei Tage vor der Begegnung Chile – Algerien erhielt seine Familie in Santiago von üblen Fanatikern sogar Mordandrohungen, und Caszely war drauf und dran, Spanien vor dem Ende der 1. Finalrunde zu verlassen.

Deutsche und Österreicher hatten befürchtet, daß die Chilenen ihr letztes Spiel zu einer reinen Pflichtsache machen würden, doch Santibanez konterte kalt: „Wir können uns nicht den Luxus leisten, mit 0:6 Punkten nach Hause zu fahren, sonst würden wir von unseren Fans massakriert." Wer jedoch angenommen hatte, daß der chilenische Nationaltrainer sein Team gegen Algerien nochmals tüchtig umkrempeln werde, sah sich getäuscht. Selbst Carlos Caszely, der am Abend vor dem Spiel mit Santibanez ein zweistündiges Einzelgespräch geführt hatte, war dabei.

Dafür wartete der algerische Nationalcoach Khalef mit einer Überraschung auf: Er nahm seinen Star Belloumi sowie Zidane aus der Mannschaft und ließ Bensaoula und Verteidiger Larbes einlaufen. Die Algerier, bei denen am Vortag der Ramadan begonnen hatte, gingen demzufolge mit leerem Magen in diesen Kampf. Ihre Devise lautete: „Wir müssen die Chilenen klar schlagen, um auf Kosten von Deutschland oder Österreich die 2. Finalrunde erreichen zu können."

Das Spiel, das 21 000 Zuschauer im herrlichen Kleinstadion „Carlos Tartiere" von Oviedo verfolgten, begann mit einem Offensiv-Feuerwerk der algerischen Filigran-Techniker. Noch ehe sich die Chilenen an ihren Gegner „gewöhnt" hatten, stand es bereits 1:0. Der fleißige Madjer erlief sich auf der Rechtsaußenposition einen Steilpaß und gab sofort scharf und flach zur Mitte, wo Bensaoula Assad das Leder zurechtlegte, der es aus kurzer Distanz zum Führungstreffer in die Maschen schlenzte.

Der begeisternde Sturmlauf der Nordafrikaner hielt weiter an. Madjers Flankenball „küßte“ in der 13. Minute den Außenpfosten, und Bensaoulas Gewaltschuß prallte in der 29. Minute von der Latte zurück. Dazwischen hatten freilich auch die Chilenen ihre ersten Tormöglichkeiten. Cerbah, der hervorragende algerische Schlußmann, mußte vor dem durchgebrochenen Moscoso retten, und in der 20. Minute hatten auch die Chilenen einen „Holzschuß“ zu beklagen. Doch nach Ablauf einer halben Stunde schlug es hinter dem unsicheren chilenischen Torhüter Osben zum zweitenmal ein – und

Es sah nach einem Kantersieg der Algerier aus, der sie in die 2. Finalrunde gebracht hätte, doch nach diesem Foul von Mansouri an Yanez erzielten die Chilenen per Elfmeter ihr erstes Tor und erreichten schließlich noch ein 2:3.

wiederum war es Teufelskerl Assad, der eine Unaufmerksamkeit der chilenischen Hintermannschaft überlegt zum zweiten Treffer ausnutzte. Es sollte aber noch besser kommen, denn in der 34. Minute versetzte Bensaoula Schlußmann Osben zum drittenmal! Gegen seinen 18-Meter-Schuß war kein Kraut gewachsen.

Man mußte sich langsam auf einen Kantersieg vorbereiten, denn die Südamerikaner wurden von den konzentriert und schneller agierenden Algeriern nach und nach in Verlegenheit gebracht. Es schien beinahe so, als säßen die Chilenen bereits im Flugzeug...

Auf der Pressetribüne sah man betretene Mienen bei der österreichischen Mannschaft, die die Begegnung von dort aus mitverfolgte. „Wenn das so weitergeht, können wir uns nur noch mit einem Unentschieden gegen Deutschland in die 2. Runde retten“, sagte Verbandscoach Schmidt.

Aber zum Glück für die Österreicher wendete sich in den zweiten 45 Minuten das Blatt. Die Algerier verlegten sich auf die Defensive, suchten ihr Heil mit schnellen Kontern und erlaubten damit den Chilenen, das Spiel zu machen.

Die Schützlinge von Luis Santibanez hatten wohl in der Pause eine gehörige Standpauke über sich ergehen lassen müssen, denn in der 2. Halbzeit waren die Südamerikaner wie verwandelt. Jetzt wurde plötzlich gekämpft, und prompt fiel in der 59. Minute das erste Tor für die Rot-Blauen. Wirbelwind Patricio Yanez wurde von Mansouri zu Fall gebracht, und Neira verwandelte den Strafstoß sicher zum 3:1.

Jetzt witterten die Chilenen plötzlich Morgenluft. Den Algeriern war der Kräfteverschleiß klar anzumerken, und in der 74. Minute kassierten sie nach einer tollen Einzelleistung des eingewechselten „Loco“ Letelier das zweite Tor. In der Folge entwickelte sich ein offener Schlagabtausch. Die Chilenen suchten entschlossen den Ausgleich, aber auch die Nordafrikaner kamen zu großartigen Chancen – wie beispielsweise in der 80. Minute, als Torwart Mario Osben den Schuß des alleine durchgebrochenen Madjer in glänzender Manier zur Ecke rettete. In der Schlußminute wäre Assad, dem besten Spieler auf dem Platz, beinahe noch das 4:2 geglückt, aber seine Granate klatschte an den Pfosten. „Schade, daß dieser Schuß nicht den Weg ins Netz fand“, meinte Trainer Khaleb nach dem Schlußpfiff. „Ein Sieg mit zwei Toren Unterschied hätte unsere Qualifikationschancen beträchtlich erhöht.“

Erleichterung hingegen herrschte bei den Österreichern. „Mit diesem Resultat sind unsere Chancen weiterhin intakt. Wir können den Chilenen nur ein großes Dankeschön übermitteln“, freute sich Kapitän Obermayer. *Peter S. Brandenberg*

Deutschland – Österreich 1:0 (1:0)

Das Spiel der Deutschen gegen die Österreicher vom 25. Juni 1982 wird in die Geschichte aller Welttitelkämpfe des Fußballs als Skandalspiel eingehen.

„Schweinerei“, schimpfte während der Übertragung schon der österreichische TV-Kommentator Robert Seeger.

Sein deutscher Kollege Eberhard Stanjek weigerte sich gar, die Schlußphase der Begegnung im tobenden

Stadion „El Molinon“ zu Gijon auch nur mit einem Wort noch zu kommentieren.

„Eine Schande“, brüllte die Schlagzeile der Frankfurter „Abendpost“.

„Schiebung?“ fragte drängend die Titelseite der „NRZ“.

„Das ist der Tod des Fußballs“, meinte traurig ein hochgewachsener Algerier im Bauch des Stadions: Nourredine Kourichi, der baumlange Vorstopper der WM-Sensation Algerien. Sein Team war eben durch ein überdeutliches „Stillhalteabkommen“ („Westdeutsche Allgemeine“) von den Deutschen und Österreichern aus dem weiteren WM-Turnierverlauf geboxt worden.

In einem Sofort-Telegramm an den Deutschen Fußballbund in Frankfurt distanzierte sich der Geschäftsführer des Hessischen Fußballverbandes im Namen „aller unserer Mitglieder“ von „dem unwürdigen, unsportlichen, unmöglichen Verhalten der deutschen Mannschaft in Gijon“.

Die Heimat raste, das Publikum im Stadion tobte, nie wurden „Leistungen“ von Fußballspielern bei einem so großen Turnier wie einer WM so zerrissen wie nach diesem Match.

Was war geschehen?

Auf dem Spielfeld selbst eigentlich nichts – aber das war's ja gerade. In einer Art und Weise, die für neutrale Beobachter und die vielen Spanier im Stadion, die Millionen daheim an den TV-Schirmen geradezu überdeutlich nach Absprache roch, hatten die deutschen und österreichischen Spieler „Arbeitsverweigerung“ betrieben; nach der schnellen 1:0-Führung der Derwall-Elf, die den Deutschen den Einzug in die 2. Runde brachte, den Österreichern aber nichts verdarb, hatte man ab der 20. Minute das Spielen eingestellt, den Ball nur noch hin- und hergeschoben, sich passiv verhalten und das Match über die restlichen 70 Minuten geschaukelt.

Doch der Reihe nach.

Der undeklarierte „Friedensvertrag" zwischen den ansonsten doch so rivalisierenden Profis aus den Nachbarländern Deutschland und Österreich hatte schon tags zuvor im Trainingscamp der Austria-Kicker in Candas, 20 km von Gijon gelegen, seinen Anfang genommen. „Wenn die Algerier heute nachmittag gegen die Chilenen nicht gewinnen, dann könnte man sich doch auf einen 2:1-Sieg der Deutschen einigen", meinte Ex-Bundesliga-Legionär und Karlheinz-Förster-Kumpel Roland Hattenberger, ein im sportlichen Sinne äußerst makabrer Spruch des „lustigen Tirolers".

Vor dem Spiel begrüßten sich die „feindlichen Brüder" denn auch denkbar familiär. Selten sahen wir so viel Herzlichkeit und Wiedersehensfreude bei Profis beider Teams wie gerade vor dem „Schicksalsspiel" (so Jupp Derwall in der abschließenden Pressebesprechung) im Stadion von Gijon.

Nun gut, das Match begann ja auch vielversprechend. Die in den beiden Spielen zuvor eher schlecht disponierten deutschen Cracks legten los, als wollten sie tatsächlich späte „Rache für Cordoba" üben. Bereits in der 1. Spielminute erreichte ein Konter über Magath und Rummenigge den Kopf Paul Breitners, von dem aus das Leder auf dem Netz der erschreckten Österreicher auf-

Das Schicksalsspiel zwischen Deutschland und Österreich begann furios; Horst Hrubesch hatte gleich am Anfang eine Riesenchance, doch ging sein Kopfball über das Tor.

zung

tupfte. Der erste Warnschuß – so meinten alle, das Startsignal zur deutschen Großoffensive.

Jupp Derwall, der am Tag zuvor noch davon gesprochen hatte, daß „unsere Mannschaft über ein großes Spiel gegen die Österreicher endlich groß in Schwung kommen wird und den Rhythmus findet!“, schien wirklich bestätigt zu werden.

Zweifel an den Selbstbeschwörungen der deutschen Elf weckte dann natürlich ein kleines fachliches Detail. Als einziger trug Paul Breitner – man konnte es durch den Feldstecher klar erkennen – kraftsparende Nockenschuhe; Schuhwerk, das die Profis normalerweise nur im Training, niemals aber im Wettkampf zu tragen pflegen. Wenn also Breitner den eigenen Kräften so stark mißtraute, lag es dann nicht im Interesse der deutschen Elf, möglichst ohne großen, letzten Einsatz aller Kräfte über die Runden zu kommen?

Zunächst aber wurde dieser Eindruck durch den deutschen Führungstreffer überlagert: Im Zentrum erhielt Briegel den Ball, gab auf den linken Flügel weiter zu Littbarski, der nicht im Abseits stand, wie die Österreicher gestenreich kundtaten. „Litti“ paßte scharf nach innen, und Horst Hrubesch, der bis dahin torlose Torschützenkönig der abgelaufenen Bundesliga-Saison 1981/82, bugsierte das Leder per Knie ins Tor der Österreicher. 1:0-Führung! Eine schnelle, erhoffte Führung für die Deutschen.

Die Mannen um Karl-Heinz Rummenigge, der trotz seiner Zerrung angetreten war und als Kapitän eine Verschlimmerung seiner Verletzung riskiert hatte, blieben weiter mächtig am Drücker, gingen auf einen weiteren Treffer aus. In der 14. Minute schien dies auch zu glük-

Nach zehn Minuten war es soweit – Hrubesch bugsierte das Leder mit dem Knie ins Tor der Österreicher. Und alle glaubten, daß das nur der Anfang war . . .

ken, doch Wolfgang Dremmler vergab – herrlich geschickt von Paul Breitner – die beruhigende 2:0-Führung. Auch Breitner, der frischer wirkte als in den zwei WM-Spielen zuvor, hatte fünf Minuten später einen weiteren Treffer auf dem Schuh, bevor der Ball knapp über Koncilias Gehäuse pfiff.

Die Österreicher, stark überrascht vom druckvollen deutschen Angriffsspiel, waren in dieser Passage so gut wie nicht zu sehen. Bruno Pezzey erklärte hinterher: „Die Deutschen waren in dieser Phase schon so stark, daß wir gar nichts anderes tun konnten, als uns freiwillig zurückzuziehen und hinten dicht zu machen." Daß Pezzeys Geständnis aus ehrlichem Herzen kam, bewies der Ausruf eines österreichischen Reporters auf der Pressetribüne zu diesem Zeitpunkt: „Bitte Bruno, zitter net, sondern spiel wenigstens einen einzigen guten Paß!"

Der Ruf verhallte ungehört – im Gegenteil: Als „Pässe" konnte man nicht mehr bezeichnen, was bei den Österreichern nun ablief. Quergeschiebe setzte ein, die Angst troff den „Adler"-Trägern aus allen Aktionen. Rückpässe, Fehlpässe, statisches Spiel, provozierende Bewegungslosigkeit kennzeichneten von einem Moment auf den anderen das Geschehen drunten auf dem Rasen.

Erste frustrierte Pfiffe der Zuschauer kamen auf. Zur Halbzeit – 1:0 für Deutschland.

Und nach Wiederanpfiff ging das lustig so weiter. Die Enttäuschung: Deutschland nahm das „Friedensangebot" der passiven Gegenspieler fast freudig an. Ihrerseits begannen die Derwall-Schützlinge nun mit „Safety first", mit Sicherheitsfußball nach dem Rechenschieberprinzip, Buchhalter-Fußball, bei dem nur noch die Ärmelschoner fehlten.

Die Kulisse explodierte. Die Zuschauer, die bis zu 40 Mark für ihre Plätze bezahlt hatten, zerrissen demonstrativ ihre Tickets, buhten die Spieler aus, winkten mit ihren weißen Taschentüchern die Aktionen der beiden Teams ab wie beim Stierkampf. „Fuera, fuera", schrie das Volk, „raus, raus, aufhören!" Die Fans, die ihre weißen Tücher ursprünglich mit ins Stadion gebracht hatten, um die WM aus Gijon zu verabschieden, sahen ihre Hoffnungen auf eine Fußball-Fiesta schmählich zerstört. „Küßt euch, küßt euch", schallte es aus spanischen Mündern hinab auf das Spielfeld.

Oben auf der Ehrentribüne erhob sich der Präsident des algerischen Fußballverbandes, Benali Sekkal, und nahm mit erhobenen Armen die stürmischen Ovationen des Publikums entgegen, das feines Gespür für das Unrecht zeigte, welches gerade auf dem Rasen seinen Lauf nahm. „Voz de Asturias" (die „Stimme Asturiens") schrieb hernach im Leitartikel: „Wir alle hatten das Empfinden, daß die Deutschen und Österreicher nicht gegeneinander spielten, sondern gemeinsam gegen Algerien."

An allen vier Ecken des Stadions versuchten erboste

20 Minuten lang wurde wirklich um jeden Ball gekämpft; hier Magath, Hattenberger, Pezzey und Hrubesch (von links). Ein zweites Tor für die Deutschen wollte (oder sollte?) nicht fallen.

Algerier mit ihren Landesfarben das Spielfeld zu entern, wurden aber – ebenso wie Fotografen, die die Szenen im Bild dokumentieren wollten – von der Polizei gnadenlos mit Gummiknüppeln traktiert.

Es war alptraumhaft: Auf den Rängen passierte mehr als unten auf dem Spielfeld, wo 22 ausgekochte Profis sich arrangiert hatten.

„Argelia, Argelia"-Rufe durchbrausten das Stadion, Solidaritätsbekundungen für einen ausgetricksten Außenseiter.

DFB-Präsident Hermann Neuberger rieb sich verlegen die Nase, schlug die Beine übereinander und wurde auf seinem Sitz immer kleiner und verlegener. Fernsehteams durchstreiften spontan die Haupttribüne, fingen Stimmen der Empörung von Zuschauern und den Algeriern ein. Algeriens Trainer Khalef forderte noch während des Spiels die „Disqualifikation beider Mannschaften wegen Verstoßes gegen den sportlichen Geist des Fair play".

In der 56. Minute verstolperte der erneut total indisponierte Horst Hrubesch eine Chance: Gelächter, Kopfschütteln, „Aufhören"-Rufe von den Rängen. „Abgemacht! Schiebung" – die Zuschauer rasten. In der 67. Minute verließ Rummenigge, der wieder seine Zerrung spürte, den Platz. Für ihn kam der junge Gladbacher Lothar Matthäus. Den brachte Paul Breitner sofort auf „Tageskurs": „Spiel ruhig, Lothar!" Matthäus äußerte sich hinterher konsterniert im Mannschaftshotel „Principe de Asturias": „Ja, mein Gott, ich kam rein, als alles schon gelaufen war! Hätte ich denn als einziger nach vorne spielen sollen?" fragte der Youngster ratlos.

In der 68. Minute: Walter Schachners Alibi-Solo vorbei an fünf deutschen Spielern, Schumacher blockte in letzter Sekunde. Bis dahin hatte der ehrgeizige deutsche Keeper gerade zwei Eckbälle zu halten bekommen, keinen Ball mehr.

Es war die reinste Posse, eine klar zu durchschauende Komödie zweier Laienspielscharen, die den Geist der faszinierenden Sportart „Fußball" in der Tat mit Füßen traten. In jenen Momenten war dieses Spiel verödet in der Wüstenei purer, abstoßender Kommerzialisierung, Opfer beschämenden Zweckdenkens.

In der 69. Minute durfte Klaus Fischer für Horst Hrubesch aufs Feld. Auch er ging unter.

Was besonders abstieß, war die Art und Weise, in der beide Teams diesen sportlichen Humbug gegenüber dem interessierten Zuschauer eiskalt durchzogen: Beide Mannschaften gaben sich nicht die geringste Mühe, ihr Spielchen zu verdecken.

Der Schlußpfiff kam einer Totenglocke gleich.

Tenor der Spielerstimmen später im Hotel: Was wollt ihr denn überhaupt? Wir haben schließlich gewonnen, wir sind in Madrid!

Paul Breitner: „Das Publikum hat überhaupt nicht kapiert, um was es für uns hier ging, nämlich um das Weiterkommen. Wir haben hier eine WM!"

DFB-Präsident Hermann Neuberger: „Übermorgen wird alles vergessen sein! Dann ist das Ergebnis der Schnee von gestern!"

Wolfgang Dremmler: „Ich verstehe irgendwie die Enttäuschung der Fans, aber ich kann mich darum wirklich nicht kümmern. Wer 800 Mark ausgibt, um hierherzufliegen, geht sein eigenes Risiko ein – wie ich auch. Ich habe auch keine Garantie, ins Endspiel zu kommen."

Richard Gauke, der „König der Schlachtenbummler" in weit über 150 Länderspielen, seit Jahrzehnten treuer Begleiter der deutschen Nationalelf, sagte tonlos nach dem Katastrophen-Kick: „Ich verstehe die Welt nicht mehr. So etwas wäre früher nie vorgekommen."

Ein besonders trauriger Tiefpunkt dieses deprimierenden Abends für den internationalen Fußball: Kaum ins Hotel zurückgekommen, brach Richard Gauke in der Lobby tot zusammen. Ein Fan hatte sich ein „Spiel" zu sehr zu Herzen genommen. *Werner-Johannes Müller*

Karl-Heinz Rummenigge über das Spiel:

Eigentlich sollte das Schlagerspiel gegen die Österreicher ein guter Abschluß der 1. Runde werden, aber das ging voll daneben. Ein so aufgebrachtes, wütendes Publikum habe ich bisher in meinem Leben erst einmal gesehen: auch in Spanien, vor einem Jahr, als der FC Bayern beim Turnierspiel gegen Dinamo Tiflis in Madrid nach dem allgemein bekannten Schiedsrichter-Skandal geschlossen den Platz verließ.

Dieses Mal aber war es noch schlimmer. Mir war bekannt, was es in Spanien beim Stierkampf bedeutet, wenn die Besucher wütend schreien und Taschentücher schwenken. Es heißt: „Feigling – geh heim!" Bei sachlicher Betrachtung konnte ich die Leute sogar verstehen, denn

Das skandalöse Einschlafspiel ist aus: Stielike und Schumacher verlassen das Stadion, ihre Gesichter sagen alles. Die Teams aus Österreich und Deutschland waren gnadenlos ausgepfiffen worden, nicht ohne Grund.

15

„schön“ oder gar „unterhaltsam“ war's wirklich nicht an diesem Tage im Stadion „El Molinon“.

Fast die ganze erste Halbzeit lang war das Spiel, zumindest was unsere Mannschaft betrifft, recht ordentlich. Das frühe 1:0 von Hrubesch gab Zuversicht. Anschließend hatten wir eine Menge Torchancen, die aber nicht zum Abschluß führten. Der 1:0-Vorsprung war keineswegs beruhigend. Zumindest mit 2:0 Toren im Rücken hätten wir nicht so nervös aufgespielt – in unserer Sorge, von den Österreichern einen Gegentreffer zu kassieren, der für uns – je nach dem weiteren Spielverlauf – das „Aus“, die Heimrei-

Vor dem Spiel hatten sich Jupp Derwall und Österreichs Cheftrainer Georg Schmidt freundschaftlich begrüßt, eine Geste, die im nachhinein zu unberechtigten Spekulationen führte.

se, hätte bedeuten können. Den Vorwurf, es habe mit den Österreichern eine Absprache, eine Abmachung oder überhaupt irgendein „Abkommen" gegeben, kann ich auf unserer Mannschaft und auf mir einfach nicht sitzenlassen! Sicher, in der 2. Halbzeit, als wir merkten, daß die Österreicher das Ergebnis halten wollten und im Rückwärtsgang spielten, haben wir uns dem Ballgeschiebe angepaßt, weil's auch uns in den Kram paßte. Aber Absprache? So etwas war und ist überhaupt nicht drin; dagegen verwahre ich mich mit aller Entschiedenheit.

Seit Cordoba 1978 ist das Verhältnis zwischen unserer Nationalelf und dem Austria-Team gespannt. In einer solchen Atmosphäre (sogar unter dem Gesichtspunkt, daß es einmal ein Ergebnis geben kann, das beiden Seiten nützt) ist es undenkbar, daß einer auf die andere Seite zugehen und irgendeine „Abmachung" treffen würde. Die Leute, die von so etwas reden, hätten zusehen sollen, wie es während des Spiels auf unserer Trainer- und Ersatzspielerbank zuging. Eine so hektische, gespannte Stimmung habe ich noch nie erlebt.

Als ich dann selber mit auf der Bank saß und auf den Schlußpfiff wartete, habe ich unseren Zeugwart Walter Kehr immer wieder gefragt: „Wie lange dauert es denn noch? Wann pfeift der Schiedsrichter endlich ab?" Die Angst vor einem Gegentreffer der Österreicher, der für uns alles zunichte gemacht hätte, zermürbte uns bis zur letzten Minute – trotz der so „harmlos", so „langweilig" aussehenden Hin-und-her-Schieberei des Fußballs.

Darüber hinaus darf man eines nicht vergessen: Das Match mußte die deutsche Nationalmannschaft praktisch mit neun gesunden und zwei angeschlagenen Spielern bestreiten. Uli Stielike konnte ja – schon bald nach dem An-

pfiff – nicht mehr richtig mittun, und nach etwa 20 Minuten erwischte es mich. Meine Zerrung, die mir seit meinem Treffer zum 1:1 gegen Algerien schwer zu schaffen machte, war nach einem Doppelpaß mit Horst Hrubesch plötzlich wieder „in vollster Blüte" da. Ich konnte keinen Spurt mehr anziehen, geschweige denn richtig schießen, so daß ich bis zu meiner Auswechslung nur eine halbwertige Kraft im Mittelfeld darstellen konnte. Das Publikum pfiff und tobte, als ich herausgenommen wurde. All diese Menschen konnten das ja nicht wissen. Es war kein Trick, keine Finte, sondern bittere Notwendigkeit! Ich konnte einfach nicht mehr weiterspielen.

Der Gang vom Stadion zum Bus und vom Bus ins Hotel war das reinste Spießrutenlaufen. Auf Paul Breitners Jakke zerplatzte ein Geschoß in Form eines rohen Eies.

Nachdem endlich Hektik und Angespanntheit vorüber waren und wenigstens etwas äußerliche Ruhe eintrat, kam zwar keine helle Freude auf, aber doch Erleichterung: Statt nach Hause zu fliegen, reisten wir nach Madrid zur 2. Runde. Gegner England sollte eine Mannschaft erleben, die sogar das Publikum mit einem guten Spiel wieder versöhnte.

Abschlußtabelle Gruppe 2

1. Deutschland	3	2	0	1	6:3	4:2
2. Österreich	3	2	0	1	3:1	4:2
3. Algerien	3	2	0	1	5:5	4:2
4. Chile	3	0	0	3	3:8	0:6

Auf dem Weg vom Bus ins Hotel mußten die Deutschen Spießruten laufen; Schumacher hält sich die Ohren zu, Briegel macht ganz schnell die „Fliege“. Hunderte von Fans gaben ihrer Enttäuschung Ausdruck.

GRUPPE 3

Argentinien – Belgien 0:1 (0:0)

Der Plan war nicht schlecht, an der Ausführung haperte es. Nach den vielen scharfen Kritiken in Spaniens Zeitungen und im Ausland an Raimundo Saporta und seinen Organisationskünsten sollte die Eröffnung dieser Weltmeisterschaft zu einem großen Fest werden. Im Stadion Nou Camp von Barcelona gab es bei der knapp einstündigen Zeremonie mit vielen Folkloretänzen aus Spaniens Provinzen mehr freundlichen als begeisterten Beifall. Nach der offiziellen Eröffnung der „Mundial '82" durch Spaniens König Juan Carlos folgte für diesen Tag eine zweite Enttäuschung.

Argentinien schickte neun Weltmeister und zwei Junioren-Weltmeister von 1979 aufs Feld. Nicht der Titelverteidiger, sondern Vize-Europameister Belgien bestimmte das Spiel und gewann verdient 1:0. Der 23 Jahre alte Belgier Erwin Vandenbergh, Europas Torschützenkönig von 1980, hatte mit seinem Treffer in der 63. Minute seines 19. Länderspiels dafür gesorgt. Ganz Belgien jubelte über die Sensation.

Am Tag darauf aber ging die Weltpresse hart ins Gericht mit Cesar Luis Menotti und seinem Team. Im nicht ausverkauften Stadion des CF Barcelona waren die meisten Besucher enttäuscht. Millionen an den Fernsehschirmen hatten von Diego Maradona im Nou Camp, „das in den nächsten Jahren meine sportliche Heimat sein wird" (so Maradona), Wunderdinge erwartet. Die Nervenanspannung war zu groß; der Kleine mit dem großen Namen ging unter. Guy Thys, der flämische

Die erste Sensation der Fußball-WM gab es gleich im Eröffnungsspiel, denn Belgien schlug Weltmeister Argentinien mit 1:0. Neu-Bayern-Spieler Pfaff macht hier eine Riesenchance von Kempes zunichte.

Trainer-Fuchs, hatte für diesen Tag das richtige Gegenmittel gefunden: Er hatte keinen Spezialbewacher auf den Star angesetzt. „In vier oder fünf Spielen vorher untereinander probten wir diesen Fall", verriet der belgische Trainer, der dieses Team seit 1976 geformt hat und inzwischen seinen Vertrag bis 1985 verlängerte.

Wie bremste Thys den argentinischen Star? „Ich wußte, daß ein einzelner Gegenspieler ihn nicht allein stoppen kann. Deshalb wurde er stets von einem anderen unserer Mittelfeld- und Abwehrspieler übernommen, wenn er in dessen Reichweite auftauchte."

Und Maradona rieb sich auf, er irrte umher. Die knapp 20 Millionen Mark, die CF Barcelona für den Sechs-Jahres-Kontrakt mit ihm anlegen mußte, war er bei dieser Eröffnung keinesfalls wert.

Bis auf Osvaldo Ardiles spielten alle Argentinier an diesem Tag unter Form. Erst nach und nach sickerte aus dem hermetisch abgeriegelten argentinischen Quartier die Wahrheit heraus: Der Krieg auf den Malvinen hatte die Spieler zu sehr beschäftigt. In einem Interview – einige Tage später – verriet Verteidiger Alberto Tarantini: „Für uns hat diese Weltmeisterschaft erst mit dem Tag des Kriegsendes auf den Malvinen begonnen.

Beim ersten öffentlichen Training auf dem kleinen Dorfsportplatz von Villajoyosa im Norden von Alicante sprach Mittelfeldmotor Ardiles bei einer Pressekonferenz über diesen „verrückten" Krieg und die Tatsache, daß er dabei seinen Cousin verlor: „32 Jahre war er alt, hatte zwei Kinder. Als Pilot einer Mirage ist er abgeschossen worden." Deshalb könne er nicht zu Tottenham Hotspurs zurückkehren: „Dabei fühlte ich mich in England wie in einer großen Familie, ich habe sehr viele Freunde..."

Im Spiel gegen Belgien versuchten die Argentinier ihren Schmerz zu vergessen – es gelang ihnen nicht. Taktisch unklug spielten sie auf. Maradona, Kempes, Diaz griffen stets in der Mitte an. Dort hatten die Belgier um ihren Ersatzlibero Maurice de Schrijever einen dichten Block aufgebaut. Mit ihren Kontern wurden die „roten Teufel" nach zehn wilden Minuten der Argentinier immer gefährlicher. Sie spielten schließlich sehr selbstbewußt auf, so, als seien sie der Titelverteidiger.

Verteidiger Eric Gerets, einer der vier Spieler aus der

Europameister-Mannschaft in diesem Kampf, sowie Torhüter Jean-Marie Pfaff waren die Besten. Bayern München hatte kurz vor der Weltmeisterschaft den 28jährigen Schlußmann aus Beveren verpflichtet – ein guter Fang für eine knappe Ablöse-Million! Nur Deutschlands langjähriger National- und Bayern-Torwart Sepp Maier regte sich darüber auf: „Wir haben mit Junghans und Müller doch schon zwei hervorragende Spieler auf diesem Posten. Pfaff wird keinen Stammplatz bekommen." Aber nach der Leistung bei der Eröffnung braucht der Belgier darüber keine Sorgen mehr zu haben.

In dem Spiel, in dem Maradona seine beste Aktion mit einem Freistoß an den Dreiangel des belgischen Tors in der 76. Minute hatte, wirkten die Argentinier geistig unbeweglich. Hinterher gestand Cesar Luis Menotti: „Die Argentinier lieferten kein gutes Spiel. Die Niederlage war aber nicht verdient, denn das Tor ist aus klarer Abseitsstellung gefallen."

Der Trainer müde, abgespannt und enttäuscht. Sein Kollege Guy Thys dankte in der Pressekonferenz „... dem gesamten Team. Die Argentinier wirkten auf mich undiszipliniert. Maradona ist sicherlich ein vorzüglicher Spieler. Aber Fußball ist nun eben eine Mannschafts-Sportart und nicht etwas für Solisten."

Die Argentinier waren mit dem 0:1 in ihrem Stolz tief gekränkt. Ihr Mannschaftskapitän Daniel Passarella gestand: „Die Schuld müssen wir alle bei uns selbst suchen. Aber wir werden uns rehabilitieren, wir müssen uns für die 2. Finalrunde qualifizieren!"

Ungarn – El Salvador 10:1 (3:0)

Nach dem Eröffnungsspiel in Barcelona zogen alle Trainer, die zur Beobachtung ins Nou Camp gekommen waren, in ihre Stammquartiere der 1. Finalrunde. El Salvador, als krasser Außenseiter nach Spanien gekommen, hatte sich 50 Kilometer südlich von Alicante im „Club de Ampo Campamor" bei Torrevieja eingemietet.

Wie stark ist die Mannschaft? Keiner wußte eine Antwort darauf. Trainer Mauricio Rodriguez hatte offenbar auch keine Ahnung von der Stärke seines ersten Gegners. „Die haben uns klar unterschätzt", wunderte sich Ungarns Verbandspräsident György Szepesi nach dem hohen 10:1-Ergebnis seiner Mannschaft.

El Salvador war – angreifend – untergegangen. Auch nach den ersten drei Treffern von Nyilasi in der 4., Pölöskei in der 11. und Fazekas in der 24. Minute, änderten die Salvadorianer nicht ihre Taktik. Sie liefen weiter in ihr sportliches Verderben.

Mit ihren Toren in der zweiten Halbzeit sorgten Toth, Fazekas, der erst in der 55. Minute für den glücklosen Töröcsik ins Spiel gekommene Kiss, Szentes, wieder Kiss (zweimal) sowie anschließend Nyilasi für einen neuen WM-Torrekord. Beim Stand von 5:0 schoß Ramirez Zapata in der 65. Minute auf Vorarbeit des überragenden Gonzales das einzige Gegentor.

Zehn Treffer also hatte Luis Ricardo Mora hinnehmen müssen, der sich bis zu dieser Weltmeisterschaft Guevara genannt hatte. „Den Familiennamen meines

Den ersten zweistelligen Sieg bei einer WM erzielte Ungarn im Spiel gegen El Salvador vor nur 6000 Zuschauern; danach rechneten sich die Magyaren Chancen gegen Argentinien aus . . .

HUNGRIA 1
EL SALVADOR 1

Vaters will ich nicht mehr“, verkündete der 20jährige Torwart in Spanien. „Er hat unser Land verlassen und ist nach Nicaragua ausgewandert. Ich will nichts mehr von ihm wissen.“ Fortan nannte er sich nach seiner Mutter und führte deren Mädchennamen Mora.

Die zehn Tore nahm Luis Ricardo Mora gelassen hin: „Wir alle sind froh, überhaupt bei einer Weltmeisterschaft spielen zu können.“ So ähnlich äußerte sich auch Jaime Alberto Rodriguez. Der Vorstopper von El Salvador hatte bei einer Mittelamerika-Tournee der ehemaligen Bundesligamannschaft von Bayer Uerdingen Kontakt hergestellt, später einen Test bei Trainer Horst Buhtz allerdings nicht bestanden. Rodriguez kam dennoch nach Deutschland, ließ sich reamateurisieren und spielte insgesamt zehnmal bei den Bayer-Amateuren in Krefeld in der Oberliga Nordrhein. Zwischendurch hatte er im Herbst 1981 am Qualifikationsturnier für die Weltmeisterschaft teilgenommen und kehrte im Mai endgültig mit Frau Rina und seinem Sohn, der – nach Kevin Keegan – den Namen Kevin Alberto erhielt, in seine Heimat zurück: „In Deutschland will ich nicht wieder spielen. Ich hoffe, einen Vertrag bei einem spanischen Klub zu bekommen.“ Darüber korrespondierte er vom Quartier der Mannschaft aus mit der Heimat. Weil aber die Equipe aus El Salvador gerade genug Geld hatte, um das Hotel zu bezahlen, konnte keiner telefonieren. Das war zu teuer. Ein Spanier in einem Bungalow in der Nähe, geboren in El Salvador, half mit einem Funkgerät aus und stellte über einen Funkamateur in San Salvador den Kontakt her.

Bei den Ungarn im Fünf-Sterne-Hotel „Sidi San Juan“ vor den Toren von Alicante ging es viel vornehmer zu. Das Hotel hatte der von Verbandspräsident Szepesi ein Jahr vor der Weltmeisterschaft verpflichtete Manager Emil Östreicher organisiert: „Hier wohnt auch stets Real Madrid, wenn die Mannschaft in der Gegend spielt.“

Die Ungarn hatten nach ihrem 10:1 einen Freuden- und Feiertag. Erstmals durften die Spieler das Leben am Swimming-pool und am Strand richtig genießen. Sie hatten – im Gegensatz zu den meistens hermetisch abgeriegelten Argentiniern – ihre Türen weit offen.

„Laci“ Kiss, der dreifache Torschütze, war stolz über seinen Erfolg: „Ich war zu einem günstigen Zeitpunkt ins Spiel gekommen. Da war die Entscheidung schon gefallen, wir konnten unbeschwert aufspielen.“ Der Budapester Vasas-Stürmer, 26 Jahre alt, will wie seine fünf Mannschaftskollegen Meszaros (Sporting Lissabon), Martos (SC Waterschei in Belgien), Balint (FC Toulouse), Müller (Hercules Alicante) und Fazekas (FC Antwerpen) ebenfalls einen Auslandsvertrag: „Ich bin aber noch nicht alt genug, um in den Westen zu gehen. Dazu brauche ich die offizielle Genehmigung des Verbandes.“

Präsident Szepesi verweigert sie grundsätzlich nicht. Der langjährige Bonner Korrespondent des ungarischen Rundfunks, der inzwischen als stellvertretender Chefredakteur und Hauptabteilungsleiter für Sport und Unterhaltung seines Senders in Budapest fungiert, hatte die Grenzen für die Spieler geöffnet. Um die 30 herum müssen sie allerdings sein.

Die Stimmung der Ungarn, nach dem hohen Sieg gegen El Salvador so hoffnungsfroh, schlug drei Tage später nach dem nächsten Spiel allerdings vollkommen um...

Argentinien – Ungarn 4:1 (2:0)

Für die Argentinier stand im zweiten Gruppenspiel in Alicante viel – eigentlich alles – auf dem Spiel. Nur ein Sieg half ihnen weiter. Und der Weltmeister feierte gegen Ungarn seine Wiedergeburt. Die Experten im provinziellen Stadion von Alicante an jenem Abend und die spanischen Zeitungen am nächsten Morgen schwelgten in Superlativen.

In den vorausgegangenen Tagen hatte sich Maradona noch – über Zeitungsreporter – mit Pelé angelegt. Der brasilianische Star des ehemaligen Weltmeisters, in Spanien als Kolumnist zahlreicher in- und ausländischer Zeitungen tätig, hatte Maradona nach der Eröffnungsfeier geraten, bei dieser Weltmeisterschaft mehr in die Spitze zu gehen „und sich nicht im Mittelfeld zu verstecken".

Den Argentinier regte das auf: „Pelé war einmal ein glänzender Spieler, aber er ist ein schlechter Journalist. Um mich braucht er sich nicht mehr zu kümmern!"

Das versuchten während der 90 Minuten im Spiel gegen Ungarn zuerst der kleine Sallai, in der 2. Halbzeit der einen Kopf größere Garaba. Beide Ungarn hatten überhaupt keine Chance. Maradona stellte sein Spiel voll in den Dienst seiner Mannschaft, schoß selbst zwei prachtvolle Tore, zum 2:0 und 3:0, war an fast allen Angriffsaktionen seiner blendend aufgelegten Mannschaft und an der Vorarbeit zu den Treffern von Bertoni und Ardiles beteiligt.

In der Nacht vor dem Spiel hatte Cheftrainer Luis Cesar Menotti im Hotel El Montiboli in Villajoyosa ein Machtwort gesprochen: „Der Krieg auf den Malvinen ist jetzt vorbei. Ich will von euch davon überhaupt nichts mehr hören. Ihr seid zum Fußballspielen hierhergekommen. Ich erwarte Leistung!“ In der Mannschaftskabine, unmittelbar vor dem Treffen, bat Kapitän Daniel Passarella darum, daß alle Betreuer, der Arzt und Masseur, den Raum verlassen. Dann gelobten er und die anderen Spieler feierlich, sich „voll und ganz für die Mannschaft und unseren Trainer“ einzusetzen.

Mit den Ungarn spielten sie vor allem in der glänzenden ersten Halbzeit Katz und Maus. Die Argentinier griffen über die Flügel Bertoni und Valdano (später Cal-

Mit einem rasanten Sturmlauf degradierte Argentinien bei seinem 4:1-Sieg die Ungarn; mit beiden Beinen fest „im Griff“ hat hier ein argentinischer Spieler den Ungarn Pölöskei.

deron) an, sie hatten das Mittelfeld vor allem durch den wiederum in Abwehr und Offensive überragenden kleinen und schmächtigen Ardiles im Griff, ihr Libero Galvan schaltete sich häufiger als sonst üblich in die Angriffe mit ein, die Verteidiger Passarella und Tarantini beteiligten sich am Preisschießen auf das ungarische Tor.

Trainer Kalman Meszöly ging hart ins Gericht mit seiner Mannschaft, die durch Pölöskei erst in der 77. Minute zu einem Tor kam, als der Weltmeister sein Tempo gedrosselt hatte. Meszöly sprach von „acht Angsthasen" in seiner Mannschaft: „Nur unseren Torwart Meszaros, Garaba und Pölöskei kann ich ausnehmen. Alle anderen waren eine riesige Enttäuschung für mich."

In der vorher noch so optimistischen Ungarn-Mannschaft („Der südamerikanische Stil liegt uns mehr als das Pressing der Belgier", sagte Stürmer Kiss) waren alle deprimiert.

Auf der Tribüne staunte FIFA-Organisationschef Hermann Neuberger: „Das war phantastisch. Ich hoffe, daß sich unsere Mannschaft nach ihrer Auftaktniederlage ein Beispiel an diesen Argentiniern nimmt."

Sonst eingesperrt und von Dutzenden spanischer Sicherheitsbeamter stets streng bewacht, gab es für die argentinischen Spieler zwei freie Tage. Diego Armando Maradona saß im Beach Club des Eurohotels neben dem Mannschaftsquartier mit seiner gesamten Großfamilie (einschließlich Oma und Opa), allen Brüdern und Freundin Claudia beim Mittagessen zusammen. Alberto Tarantini ging mit den kleinen Töchtern Bendita und Agostina aus den ersten zwei Ehen seiner Frau Maria Villanueva spazieren. In der Nacht danach kamen fast 1000 Touristen und Einwohner von Villajoyosa zu einer von den Argentiniern organisierten Modenschau, in der auch Spielerfrauen sowie Diego Maradonas kleine Brüder Lalo und Turco mitwirkten. Rund 25 000 Mark wurden durch Eintritt und Losverkauf für die Malvinen-Opfer Argentiniens zusammengebracht!

Beim Weltmeister von 1978 ging es fortan etwas lokkerer zu. Die überragende Vorstellung gegen Ungarn mit „der bis dahin besten ersten Halbzeit dieser Weltmeisterschaft“ (so viele Kommentatoren) hatte im Verhalten Menottis und seiner Spieler vieles verändert.

Belgien – El Salvador 1:0 (1:0)

Schon vor dem Treffen Belgiens mit El Salvador wurde spekuliert, ob ein Torwart jemals so viele Treffer habe hinnehmen müssen wie Luis Ricardo Mora im Tor von El Salvador. Zehn Stück hatte er von den Ungarn kassiert. „Wenigstens vier oder fünf!“ hatte sich Belgiens Trainer Guy Thys gewünscht. Unter dieser Voraussage machte es keiner.

Aber Mauricio Rodriguez, der Trainer des Punktelieferanten, hatte sich eine ganz andere Taktik einfallen lassen: „Das darf uns nicht noch einmal passieren!“

Gleich nach dem Anpfiff in Elche wurde der Ball von El Salvador häufiger rückwärts als nach vorne gespielt. Die ratlosen Belgier wußten sich kaum zu helfen. Nur Coeck war nach einem ihm kurz zugespielten Freistoß in der 18. Minute erfolgreich. Die Salvadorianer lockerten ihren Abwehrblock nicht; sie spielten destruktiv und machten das Spiel des haushohen Favoriten Belgien kaputt.

Belgien mußte sich gegen El Salvador mit einem mageren 1:0 bescheiden; der wuchtige Schuß von Jan Ceulemans passiert zwar Fagoaga und Jovel, trifft jedoch nicht.

Hinterher entschuldigten sich die Belgier mit der Bemerkung: „Was wollt ihr eigentlich alle? Wir haben doch 4:0 Punkte?“ Dennoch: Schon der Fußballzwerg aus Mittelamerika konnte die Grenzen des Vize-Europameisters aufzeigen, so daß am Tag vor dem entscheidenden Kampf mit Ungarn ein so erfahrener belgischer Klubtrainer wie Staff van den Bergh im belgischen Quartier „Huerto del Cura“ in Elche verkündete: „Unsere Mannschaft kann jeden schlagen, aber auch gegen jeden verlieren!“

Aoudou (Kamerun) foult den italienischen Stürmerstar Tardelli (oben) in einem der seltsamsten Spiele der WM-Endrunde, das unentschieden 1:1 endet.

Bereits im ersten Spiel seiner Mannschaft gegen Belgien wurde der argentinische Wunderstürmer Maradona entzaubert. Hier bremst ihn Vercauteren.

Grzegorz Lato führte seine Mannschaft gegen Belgien zum Sieg, er war der große Dirigent. Der 32jährige Pole war schon 1974 bei der Weltmeisterschaft dabei.

Diego Maradona wird im Spiel gegen El Salvador zu Boden gerissen (oben). Im Eröffnungsspiel der WM wollte den Argentiniern kein Tor gelingen, sie unterlagen Belgien sensationell mit 0:1.

Fußballakrobatik: Der Nordire Armstrong bei einem wuchtigen Kopfball im Spiel gegen Honduras (oben), Zico (Brasilien) bei seinem Supertor gegen Neuseeland.

Freistoß für Brasilien: Eder schießt an die Latte, Zico ergattert sich den Ball und spitzelt ihn an Fillol vorbei zum 1:0 gegen Argentinien ins Tor.

Bis auf den letzten Platz gefüllt war das Stadion beim Spiel Argentinien gegen Brasilien. Die farbenprächtige Tribüne bildete eine herrliche Kulisse für das große Spiel.

Das alles entscheidende Tor zwischen Honduras und Jugoslawien fiel in der 89. Minute durch Elfmeter (oben). – Armstrong (Nordirland) beim Schuß auf das spanische Tor.

Belgien – Ungarn 1:1 (0:1)

Im vorletzten Spiel der Gruppe 3 stand für die Nationalmannschaften von Belgien und Ungarn sehr viel auf dem Spiel: Nach zwei 1:0-Siegen brauchten die „roten Teufel“ aus Antwerpen, Lierse und Lüttich nur einen Punkt, um als Gruppensieger qualifiziert zu sein. Die Ungarn mußten nach einem Sieg (10:1 gegen El Salvador) und einer Niederlage (1:4 gegen Argentinien) gewinnen. Offenbar glaubten sie jedoch selbst nicht so recht an diesen Erfolg, denn vorsorglich war bereits für den nächsten Tag nach dem letzten Gruppenspiel die Heimreise gebucht worden. Selbst Verbandspräsident György Szepesi wollte mitfliegen: „Ich komme erst zum FIFA-Kongreß kurz vor dem Finale in Madrid wieder.“

Ungarns Trainer Kalman Meszöly machte dagegen in Optimismus. Er probte im Training die besten Möglichkeiten gegen Belgiens Abseitsfalle und verriet in einer Pressekonferenz vor dem Spiel: „Sie birgt Gefahren für die Belgier in sich.“

Als hätte es Meszöly, der selbst einmal zu den erfolgreichsten Nationalspielern gezählt hat, geahnt: In der 28. Minute des von mehr als 20000 Zuschauern in Elche besuchten Spiels klappte es mit der Abseitsfalle gar nicht. Verteidiger Varga nutzte die Chance – und brachte Ungarn 1:0 in Front!

Und jetzt wurde es ein Zitterspiel für die „roten Teufel“. Sie holten zwar durch Vandenbergh, den sie „Belgiens Gerd Müller“ nennen, und vor allem durch den an diesem Tag überragenden Czerniatynski einige sehr gute Chancen heraus. Aber auf der anderen Seite stand der gegen El Salvador dreifache Torschütze Kiss in der 25.

Minute völlig frei vor dem Tor von Pfaff. Einen zweiten Treffer der Ungarn vereitelte der neue Münchner Bayern-Schlußmann in der 67. Minute: Fazekas lief allein auf Belgiens Tor zu, Pfaff stürzte heraus und prallte außerhalb des Strafraums mit ihm zusammen.

Für diese „Tat" hätte Pfaff vom Platz gestellt werden können, Schiedsrichter Clive Bradley White beließ es bei einem Freistoß, der nichts einbrachte, und einer Verwarnung an Pfaff. Ungarns Trainer Meszöly schimpfte: „Das hätte ein Platzverweis sein müssen!" Linienrichter Walter Eschweiler, der White an diesem warmen Abend

Das 1:1 gegen Ungarn reichte den Belgiern zum Einzug in die 2. Finalrunde und brachte den Gruppensieg. Walter Meeuws setzt sich hier gegen Sandor Müller durch, der später ausgewechselt wurde.

assistierte, ließ in seinem Kommentar wenigstens eine andere Deutung zu: „Es war eine Ermessensentscheidung.“

Die Ungarn jedenfalls waren um ihr 2:0 und damit um den K. o. der Belgier gekommen. Zehn Minuten nach dieser Szene fiel die Entscheidung für Belgien: Ceulemans überlief auf der rechten Flanke Varga und Ersatzspieler Csongradi, ließ auch noch Kerekes, den herangespritzten Libero der gegenüber der 1:4-Enttäuschung gegen Argentinien umgebauten Ungarn-Mannschaft, „aussteigen“, flankte zur Mitte. Und der sonst an diesem Tag so souveräne Torhüter Meszaros ließ sich von einem haltbaren Kullerball Czerniatynskis überraschen. Der Sohn polnischer Einwanderer hatte das Spiel für Belgien gerettet.

Ein besonderer Gag: „Czerni“, wie sie ihn rufen, und „Faze“, der in Budapest Fazekas heißt, spielen zusammen beim belgischen Klub FC Antwerpen, bei dem Fazekas noch zwei Jahre unter Vertrag steht: „Ich bin zwar schon 34, will aber noch so lange spielen, bis ich die 100 Länderspiele von Josef Bozsik übertreffe.“

Bei den Belgiern ging es derweil hoch her. Mit Wein, Weib und Gesang wurde das Vordringen in die 2. Runde der Weltmeisterschaft laut gefeiert. 22000 Mark Prämie pro Spieler gab es dafür. Die Aufregung um die Verletzungen von Gerets (Gehirnerschütterung nach Zusammenprall mit Pfaff) und Pfaff (nur Schulterprellung, kein Schlüsselbeinbruch) hatte sich wieder gelegt. Fünf Tage nach ihrem 1:1-Unentschieden siedelte Belgiens Equipe vom schicken „Huerto del Cura“ ins unruhige Autobahnhotel „Bellaterra“ im Norden von Barcelona um.

Claus Mittenzwei

Argentinien – El Salvador 2:0 (1:0)

Nach dem dritten Spiel des Weltmeisters bei diesem Turnier schämte sich Cesar Luis Menotti: „Das war keine Werbung für den Fußball! Aber zu einem Spiel gehören nun einmal zwei Mannschaften mit insgesamt 22 Spielern. Wenn elf davon nicht mitmachen wollen, dann gibt es kein Spiel."

Unmittelbar nach Cesar suchte sich „Pipo" Rodriguez, der kleine Trainer aus El Salvador, zu verteidigen. Vorher hatte er von einem 0:0 und von der besten Leistung seiner Mannschaft bei dieser Weltmeisterschaft geredet. Nun verteidigte er seine Taktik: „Was sollten wir anders machen? Schließlich konnten wir uns nicht noch mal so einen Reinfall wie mit den zehn Toren gegen Ungarn erlauben. Wir mußten die Abwehr verstärken."

Und an dieser Abwehr, dieser Mauer, blieben Argentiniens Stürmer und Mittelfeldspieler immer wieder hängen. In der 1. Halbzeit war nur Passarella, der argentinische Mannschaftskapitän, einmal erfolgreich – mit einem Foulelfmeter, den ein Spieler aus El Salvador gegen Calderon verursacht haben sollte.

Die so bestraften Spieler protestierten energisch bei Schiedsrichter Barrancos Alvarez (Bolivien). Sie bestürmten und beschimpften ihn, sie griffen ihn tätlich an. Nur Libero Jovel behielt die Ruhe und trieb seine Kollegen zurück. Osorto wurde wegen zu grober Un-

2:0 für Argentinien im Spiel gegen El Salvador durch Bertoni. Nur mit Ach und Krach gelangte der Weltmeister in einem Spiel voller Fouls in die 2. Finalrunde.

IVECO

sportlichkeiten vom Schiedsrichter verwarnt; dieser hätte – bis auf Jovel – alle anderen auch verwarnen, einige vom Platz stellen können. Hinterher bezeichnete auch Rodriguez den Strafstoß als einen „Witz“. Passarella ließ sich die Chance in der 23. Minute nicht entgehen.

Auch Maradona konnte sich an diesem Abend vor 18000 Zuschauern in Alicante nicht durchsetzen. Der Abwehrspieler aus der deutschen Amateuroberliga Nordrhein mit Namen Rodriguez, der bei Bayer Uerdingen insgesamt zehnmal in der vergangenen Saison eingesetzt worden war, hielt den Argentinien-Star mit Händen und Füßen.

Zur Pause hatte Menotti entschieden: „Ihr müßt mehr aus der Entfernung schießen, um diese Abwehr zu durchbrechen!“ Die Spieler hielten sich daran. Aber es gab nur noch ein Tor durch Bertoni mit einem Schuß aus 25 Metern in der 54. Minute.

Die Hektik der 1. Halbzeit hatte sich inzwischen gelegt. Das 2:0 und damit die Entscheidung des Spiels sorgten dafür. Nun unterhielten sich während der vielen Pausen die Spieler beider Mannschaften, nun tauschten sie auch die von Betreuern hereingereichten Wasserflaschen zur Erfrischung untereinander aus. Das Spiel, das so hektisch begann, endete in Frieden. *Claus Mittenzwei*

Abschlußtabelle Gruppe 3

1. Belgien	3	2	1	0	3:1	5:1
2. Argentinien	3	2	0	1	6:2	4:2
3. Ungarn	3	1	1	1	12:6	3:3
4. El Salvador	3	0	0	3	1:13	0:6

GRUPPE 4

England – Frankreich 3:1 (1:1)

England – fast ein Fußball-Rätsel! Je stärker sich seine Vereine in Szene setzten, desto mehr verblaßte der Glanz der Nationalmannschaft. Seit 1977 verzeichneten die Engländer eine ununterbrochene Siegesserie im Europapokal der Landesmeister. Seit 1970 aber waren sie an keiner Weltmeisterschafts-Endrunde mehr beteiligt. Die Liebe zum Verein scheint auf der Insel eben doch stärker zu sein als die Verbindung zum Nationalteam.

Zusätzlich überschattete die politisch-kriegerische Überlegung den Sport, ob es sich für England angesichts der Falkland-Krise wohl lohne, Fußball in Spanien zu spielen und Tore zu schießen, während nahe dem fernen Argentinien Soldaten aufeinander schossen – wegen ein paar kleiner Inseln. Team-Manager Ron Greenwood und Kevin Keegan, der Spielmacher, lehnten sich zunächst gegen das Ansinnen auf, Torschüsse abzugeben, während gleichzeitig vielleicht Todesschüsse fielen.

Drei Wochen vor dem Beginn der spanischen Endrunde gab der britische Sportminister Neil MacFarlane grünes Licht: „Wir erheben keinerlei Einwände, unsere drei Mannschaften nach Spanien zu schicken. Wir haben keinen Druck ausgeübt und werden es auch künftighin nicht versuchen!“

Das Publikum in England stand voll und ganz hinter dieser Entscheidung: 79 % der Befragten waren für die Fahrt nach Spanien!

Inzwischen erreichte die von den englischen Stars besungene WM-Schallplatte „This time we'll get it right“ –

„Diesmal werden wir's packen ...“ – hitverdächtige Auflagen. Mit den Siegen vor der WM gegen Holland (2:0) und Schottland (1:0) bekamen die Engländer eine mächtige Prise Selbstvertrauen.

Kurz vor dem Abflug gen Spanien wurde rasch noch ein letzter Test vorgenommen: 4:1 gegen Finnland. Kritiker jedoch monierten, England komme mit einer Altherren-Truppe: Alle drei Torhüter über 30 Jahre alt und im weiteren Kreis noch sechs Spieler, die diese magische Ziffer an Lebensjahren schon überschritten hatten. Kevin Keegan, vom Hamburger SV zum FC Southampton übergewechselt, war zwar nach schwacher erster Saison Torschützenkönig der englischen Liga geworden – mit 26 Treffern. Am 14. Februar 1982 hatte aber auch Kevin sein 31. Lebensjahr vollendet.

Keegan fieberte dem ersten Spanien-Spiel gegen Frankreich entgegen. Doch als es dann soweit war, mußte er zunächst fehlen: verletzt! Eine Woche vorher hatte im Hause Keegan noch eitel Sonnenschein geherrscht, als seine Frau Jean die zweite Tochter zur Welt gebracht hatte. Sarah-Marie wurde das Baby genannt, dessen Schwester Laura Jane, jetzt dreijährig, in Hamburg das Licht der Welt erblickt hatte. Um dem Fußballstar die psychische Last von der Seele zu nehmen, hatten die englischen Ärzte extra eine schnelle Geburt eingeleitet ... ! So stand es also mit "Merry old England“, das sich dereinst das Mutterland des Fußballs nennen durfte.

Der erste Gegner blickte auf eine noch weniger ruhmreiche WM-Vergangenheit zurück. Die Franzosen, technisch sicherlich eine der besten Mannschaften Europas, kühlten noch eine alte Wunde: Während der WM-End-

Bryan Robson hebt den Ball mit dem Kopf über den französischen Torhüter Ettori zum 2:1 ins Tor; die 1:3-Niederlage der Franzosen war ein verpatzter WM-Start.

runde 1978 in Argentinien hatten sie lediglich äußerst umstrittene Tore gegen den späteren Weltmeister aus dem Gleis geworfen. Das Schicksal machte etwas wieder gut: Frankreich erreichte lediglich auf Grund des besseren Torverhältnisses gegenüber Irland den 2. Qualifikationsplatz innerhalb seiner Gruppe – vor Irland. Die Tickets für Bilbao und Valladolid durften gebucht werden.

Platini hieß der Mann, um den der französische Nationaltrainer Hidalgo nach und nach sein neues Team aufbaute. Hidalgo brachte auch eigene Länderspiel-Erfahrung mit – und vielleicht eine etwas zu rücksichtsvolle Haltung gegenüber den Stars.

So gewinnt man Freunde, gleichzeitig aber auch Kritiker. Platini gilt als Freund Hidalgos. Nach dieser Weltmeisterschaft allerdings wird der Trainer seinen besten Mann aus den Augen verlieren. Platini, bisher beim AS St. Etienne, folgt lockenden Lire-Millionen in Richtung Italien. Sein künftiger Arbeitgeber heißt Juventus Turin. Damit kehrt Platini ins Land seiner Ahnen zurück. Erst Vater Aldo Platini hatte es einst nach Frankreich gezogen.

Viele sehen allerdings in Platinis „Heimkehr" eine Flucht vor der Vergangenheit. Nach der Trennung von seiner Frau will er alles vergessen, was einst gewesen ist. Der Fußball soll ihm dabei helfen.

Seine Ausnahmesituation spiegelte sich nicht nur in seinem fürstlichen Gehalt in St. Etienne wider. 65000 Mark, so munkelt man, seien monatlich auf sein Konto geflossen. Die Mannschaftsleitung gestatte ihrem Star auch, die Weltmeisterschaft in Spanien über die Station „Europa 1" zu kommentieren und zu analysieren – (den Kommentierenden eingeschlossen).

Bilbao, siedend heiß, erlebte das erste Spiel. Auf den Rängen tobten, noch ehe der portugisische Schiedsrichter Antonio da Silva Garrido das Spiel bei einer Temperatur von etwa 35 Grad im Schatten angepfiffen hatte, die allerorts gefürchteten britischen Schlachtenbummler. Spanische Polizisten konnten sie nur unter Einsatz elektrisch geladener Stöcke einigermaßen bändigen.

Die Spieler auf dem Platz leisteten sofort Hilfestellung: Nach nur 30 Sekunden führte England 1:0! Den

Einwurf, der zu diesem Tor verhalf, hatte keiner so recht ernstgenommen. Der baumlange Stopper Butcher köpfelte den Ball weiter zu Bryan Robson. Der 25jährige fackelte nicht lange, wie es noch immer die Art der Briten ist. Ehe Frankreichs Keeper Ettori wußte, was um ihn herum geschah, zappelte der Ball im Netz.

Englands schnellstes WM-Tor aller Zeiten war gefallen – und dies ohne Kevin Keegan, der sich mit unerklärlichen Rückenschmerzen herumplagte, ohne Trevor Brooking, der – wie Keegan – einen Stammplatz sicher hatte. Aber auch ohne Tony Woodcock, der den 1. FC Köln verlassen und bei Arsenal London wieder Zuflucht in England gefunden hat.

Die Franzosen, allmählich über den blitzartigen Schock hinwegkommend, zeigten spielerisch die besseren Ideen, die Engländer demonstrierten ihre Kraft und Konzentrationsfähigkeit.

Plötzlich gab es eine kleine Feldüberlegenheit der Franzosen. Ein Schrägschuß von Soler – und Peter Shilton, der 32jährige Nottingham-Keeper, besaß keine „reine Weste“ mehr . . .

Englands Team wackelte, aber es stürzte nicht. Nach dem 1:1 blies Frankreichs Sturm nur noch wie ein laues Lüftchen. Torschützen – 1958 besaßen sie mit dem erfolgreichsten Goalgetter einer WM, Just Fontaine, einen überragenden – schießen nicht mehr so einfach aus dem Boden.

So kam's, wie es kommen mußte: Bryan Robson, Mittelfeldstar von Manchester United, Schütze des wichtigen ersten Tores, markierte auch Tor Nummer 2 – so, wie es die Briten am besten können: mit einem wuchtigen, unhaltbaren Kopfball in der 67. Minute.

Das Spiel war gelaufen. Auch der von Hidalgo ins Spiel gebrachte Didier Six, derzeit in Diensten des deutschen Bundesligisten VfB Stuttgart, schaffte nach seiner Einwechslung, 20 Minuten vor dem Abpfiff, nichts Entscheidendes mehr. Vielleicht wurmte es ihn sogar, daß er nicht zur ersten Hidalgo-Auswahl gehört hatte.

Das 3:1 durch den explosiven Mariner entwickelte sich aus einem fatalen Fehler des farbigen französischen Libero Mario Tresor. Der Mann aus Bordeaux säbelte wie ein Anfänger über den Ball. Mariner knallte ihn wie ein Routinier unhaltbar ins Netz.

Nach Spielschluß war Trainer Hidalgo kaum eines Kommentars fähig: „Bei uns steckt der Teufel im Weltmeisterschaftsspiel. Wieder ein verpatzter Endrundenstart, wieder Tore, die nicht fallen durften. Die enorme Hitze mag eine Erklärung für einige Blackouts gewesen sein – eine Entschuldigung kann sie nicht sein."

Englands Team-Manager Ron Greenwood ließ durchblicken, daß man die kleinen Dinge üben müsse, um Großes zu vollbringen. „Die Einwurf-Szene, die uns das wichtige erste Tor einbrachte, hat mein Assistent Steve Howe heute vormittag noch in vielen Versuchen einstudiert." Die Zuversicht für die kommenden Spiele war seiner Miene zu entnehmen ...

Wolfgang Rothenburger

CSSR – Kuwait 1:1 (1:0)

Kuwait? Das ist Öl, Reichtum, Großmannssucht. Nur 1,4 Millionen Einwohner und gar nur ca. 1600 aktive Fußballspieler gibt es dort. Ein Märchenland!

Als die Endrunde erreicht war, kassierte Trainer Carlos Alberto Parreira das Doppelte wie seine Spieler. Über die tatsächliche Prämienhöhe der Kuwaitis gingen die Angaben auseinander. Jedenfalls waren die Beträge enorm.

Schon 1976 arbeitete Parreira in Kuwait – damals noch als Assistent seines Landsmannes Zagalo, der einen einsamen Rekord verzeichnen konnte: Als Spieler war er zweimal, 1958 und 1962, mit Brasilien Weltmeister, dann auch als Trainer einmal Weltmeister mit Brasilien. Wer Kuwait sah, spürte die brasilianische Schule, die Handschrift ihrer Trainer.

Alles, was es sich in Kuwait leisten kann, begleitete das Team auf dem Weg nach Spanien. Etwa 10 000 Fans in extra dafür gecharterten zwanzig Düsenklippern reisten ins Land der Toreros. Zudem brachten sie ein mächtiges Maskottchen mit, ein Kamel, aus Marokko ausgeliehen und per Lastwagen und Fährschiff nach Spanien transportiert. Das Kamel benötigte eine Sondergenehmigung der FIFA – und erhielt sie ...

Im sündhaft teuren Hotel „Pardor Nacional" in Toresillas mußte in Windeseile ein Zimmer umfunktioniert werden: Die Spieler, durchwegs gläubige Moslems, bestanden darauf, ihre täglichen fünf Gebete verrichten zu können. So verwandelte sich ein exklusives Doppelzimmer in eine Mini-Moschee ...

Die Kleinen probten den Aufstand – am 17. Juni in Valladolid. Die Kuwaitis spielten, als seien sie die Großen und die CSSR der Zwerg! Die Tschechoslowaken staunten über so viel Geschmeidigkeit, so viel Gewandheit, so viel Kaltblütigkeit. Die Wüstensöhne brannten ein sprühendes Feuerwerk ab. Nur mit dem Schießen haperte es. Doch diese Schwäche müssen wohl alle Novizen noch ablegen, die bei dieser ersten Weltmeisterschaft mit 24 Nationalmannschaften ihre Endrunden-Feuertaufe bestanden.

Das 1:0 für die CSSR war ein Bonus für den Favoriten. Abdullah Mayouf rempelte den CSSR-Linksaußen Vizek an – fast harmlos, nicht elfmeterreif. Für den afrikanischen Referee Dwomoh aus Ghana, der zu seiner dunklen Hautfarbe ein knallig rotfarbenes Hemd trug, war es jedoch ein Strafstoß. Für „solche Sachen" verfügte die CSSR-Elf über einen Panenka. Mit Vehemenz donnerte er den Ball ins Netz. Der geschmeidige Al-Tarabulsi, mit 35 Jahren schon ein Oldtimer, hatte keine Chance, den Ball zu halten.

Dann spielten minutenweise nur noch die Ölprinzen. Chance auf Chance hatten sie – aber das Toreschießen muß gelernt sein.

Mittelstürmer Sultan Jasem Yacoub hatte gleich zweimal die Gelegenheit zum Ausgleich auf dem Fuß. Er sollte doch noch Schußübungen machen!

In der 58. Minute gab es den Lohn für viele Mühen: Al-Dakhil versuchte es mit einem Weitschuß, und dieser Versuch machte ihn klug. Der Ball überraschte den CSSR-Torhüter Hruska – und es stand 1:1.

Die Tschechoslowaken hatten ihre Schwachstelle offenbart: den Torwart. Einst, zu besseren Zeiten, gab es da keine Probleme; Schroiff oder Viktor waren von anderem Kaliber! Den Namen Planicka muß man gar nicht erst erwähnen. Der Keeper des Endspiels von 1934 zählte zu den besten Torhütern aller Zeiten.

Dennoch verhinderte Hruska kurz vor Schluß mit einer tollkühnen Parade das mögliche 1:2. Sultan Jasem

Yacoub war der Pechvogel, der den Ball abgefeuert hatte. Die Fußball-Welt begann aufzuhorchen.

Die Kuwaitis feierten ihren ersten Punktgewinn in ihrem ersten Endrundenspiel, als seien sie bereits Weltmeister geworden. Aber ausgelassenes Toben blieb untersagt, die Mannschaft blieb unter sich – mit ihrem Trainer und den Offiziellen. Scheich Al-Ahmad, zugleich Präsident des Fußball-Verbandes von Kuwait, ließ niemanden ins Quartier; es herrschte striktes Besuchsverbot.

Auch das Kamel genoß seine Ruhe. Das Wüstentier für die Wüstensöhne trug sogar Kuwaits Nationalfarben und durfte auf Bitten des Scheichs und mit Genehmigung der FIFA im Stadion von Valladolid eine Ehrenrunde drehen – aber ausschließlich bereits vor den Spielen. Die Absicht, das Kamel jeweils hinter dem eigenen Tor anzupflocken, verfiel der Ablehnung.

Wolfgang Rothenburger

England – CSSR 2:0 (0:0)

England plagten auch beim zweiten Spiel Sorgen: Kevin Keegans Rückenschmerzen verschwanden nicht; nun sollte eine Akupunktur helfen. Brooking war noch nicht wieder trainingsfähig. Ron Greenwood kündigte an, daß diese WM-Endrunde seine letzte Amtshandlung sei. Ehe Ron das Amt des Team-Managers übernahm, hatte er schon zurückgezogen auf seinem Ruhesitz gelebt.

Greenwood – der Name bedeutete immer auch West Ham United, war verbunden mit den Weltmeister-Namen von 1966, Bobby Moore, Martin Peters und Geoff

Hurst, dessen drei Tore im seinerzeit dramatisch-unglücklichen Wembley-Finale England den größten Triumph seiner bisherigen Fußballgeschichte ermöglicht hatte: Unglücklich war der Treffer, der als „umstrittenes Wembley-Tor" in die Geschichte des Weltfußballs eingegangen ist, für die deutsche Mannschaft gewesen.

Greenwood wußte, daß die Spieler des Teams von 1982 wie ein Mann hinter ihm standen.

Das Spiel gegen die CSSR bekam schon vorentscheidende Bedeutung: Ein Sieg – und den Engländern konnte nichts mehr passieren! England spielte so, wie es immer spielt. Den Lehr- und Lernprozeß des Kontinents hat die Nationalmannschaft trotz ihrer Erfolge noch nicht mitgemacht. Also: „Fußball made in Old England"! – Weite Einwürfe, hohe Flanken, lange Vorlagen auf die Flügel, Kopfbälle und Kopfballversuche.

Vor allem die Stärke im Tackling entnervte die dem körperlosen Spiel eher zugeneigten Tschechoslowaken. Dennoch wurde es ein langes und banges Warten auf das erste Tor. Die CSSR verstand es, mit einer dichtgestaffelten Abwehr, das Chancen-Aufkommen der Briten kleinzuhalten. Libero Radimec und Stopper Vojacek schufteten für zwei. Eine Stunde lang mit Erfolg. Dann verhalf ein Torwartfehler den Briten zum ersten, schwersten Tor. In der 63. Minute ließ der neu in diesem Spiel eingesetzte Torhüter Seman eine Eckballflanke von Wilkins über die Fäuste gleiten. Für Trevor Francis war dies ein Geschenk des Himmels.

Drei Minuten später schon kam der endgültige K. o. – wieder nach einem Abwehrfehler. Wer jedoch so unter Druck steht, dem unterlaufen Patzer. Torhüter Seman schien durch seinen Fehler selber geschockt, wirkte

Der 2:0-Sieg gegen die CSSR verschaffte England den Einzug in die 2. Finalrunde. Hier kann Seman den Ball des englischen Spielers Mariner (Nr. 11) noch abwehren.

plötzlich nervös – und steckte damit seine Vorderleute an. Barmos aus Bratislava leistete die Weichenstellung zum 2:0 für die Engländer. Unglücklich rutschte er in eine Mariner-Flanke hinein. Entsetzt schaute er dem Ball nach, dessen Lauf ins Tor nicht aufzuhalten war. Die CSSR-Niederlage war es nun auch nicht mehr . . .

Trainer Venglos nahm Seman aus dem Tor und beorderte den Prager Stromsik zwischen die Pfosten, mit 24 Jahren den jüngsten der drei Keeper. Er bekam noch einige Gelegenheiten, sich auszuzeichnen, aber es änderte sich nichts mehr.

Mariner, Coppell und Robson waren die Stars eines Teams, das zwar wieder – wie gegen Frankreich – mit zwei Toren Differenz gewann, aber doch manchen spielerischen Wunsch offenließ.

Schlimmer jedoch: Bryan Robson, im ersten Spiel der Gruppe Schütze des schnellsten Tores der Finalrunde, mit acht Millionen Mark teuerster „abgelöster" Spieler der Britischen Insel und bei Manchester United unter Vertrag, hatte sich bei einem seiner mit allem Einsatz durchgeführten Kopfbälle am Rücken verletzt. Von Schmerzen geplagt, blieb Robson nach der Pause in der Kabine. Für ihn wechselte Manager Greenwood den Tottenham-Spieler Glenn Hoddle ein, der aber unter Robsons Wirksamkeit blieb. Die CSSR hatte ihren Elfmeter-Spezialisten Panenka draußen gelassen. Der von der Bundesliga ins Visier genommene Nehoda blieb den Beweis überragender Klasse auch in diesem Spiel schuldig. *Wolfgang Rothenburger*

Frankreich – Kuwait 4:1 (2:0)

Das zweite Spiel der Kuwaitis ging auf besondere Art in die Geschichte der Weltmeisterschaften und des Weltfußballs ein. Nicht, weil sie mit einer 175 000-Dollar-Prämie aus dem ersten Spiel einliefen, denn Geld spielt ohnehin keine Rolle. Diese Sonderleistung kam aus der eigenen Tasche des Präsidenten. Die Macht von Scheich Fahd Al-Ahmad Al-Jaber Al-Sabah reichte im Spiel gegen Frankreich sogar bis aufs Spielfeld . . .

Frankreichs Coach hatte seine Mannschaft nach dem Reinfall gegen England gleich auf fünf Positionen ver-

Fast ein Spielabbruch: Die Kuwaitis sind erbost über ein irreguläres Tor der Franzosen und wollen das Spielfeld verlassen, Didier Six (Nr. 19) versucht zu vermitteln.

ändert – und fand vielleicht die Mannschaft der Zukunft. Die schwächere erste halbe Stunde der Franzosen beendete Genghini in der 30. Minute mit einem Freistoßtor. Zuvor war Platini gefoult worden. Für Tor Nr. zwei sorgte Platini selber.

Bei Kuwait klappte im Grunde genommen nur die Abseitsfalle. Lediglich Mittelfeldspieler Al-Buloushi gefiel. Es war kein Zufall, daß er beim Stand von 0:3 den einzigen Treffer der Kuwaitis zum 1:3 erzielte, doch auch er änderte weder etwas am Eindruck noch am Ausdruck der französischen Überlegenheit.

Zehn Minuten vor dem Abpfiff – mit dem 3:1 für Frankreich war das Spiel längst entschieden – schoß Giresse das vierte Tor der Franzosen.

Hitzig und temperamentvoll protestierten die Wüstensöhne dagegen. Von der Tribüne herab gab ihnen ihr Präsident Handzeichen: Macht Schluß!

Die Kuwaitis verließen den Platz.

Ratlos stand der sowjetische Schiedsrichter Stupar inmitten des Tohuwabohus. Das Spiel war etwa zehn Minuten lang unterbrochen. Es gab Diskussionen – und Stupar nahm das Tor zum 4:1 zurück! Nun wollten die Franzosen ihrerseits das Feld verlassen, aber bei ihnen siegte die Vernunft. Doch die Erbitterung trieb sie vorwärts: Eine Minute vor dem Abpfiff erzielte Bossis das (zweite) 4:1 für Frankreich.

Die von Platini glänzend ins Spiel gebrachten Franzosen hatten die Szene auf dem Spielfeld nach einer halben Stunde Anlaufzeit glänzend beherrscht. Platini freute sich zwar über das Tor zum 2:0, das er an seinem 27. Geburtstag geschossen hatte, doch was ringsum geschah, schmeckte bitter wie Wermut.

Didier Six, der von Coach Hidalgo nur als Reservist vorgesehen war, hatte von Anfang an mitgespielt, das dritte Tor geschossen und vieles gezeigt von dem, was er wirklich kann. In Stuttgart vermochte er bislang von seinem Können wenig zu zeigen.

Diesem Skandalspiel folgte das Nachspiel auf dem Fuße: Kuwaits Verband wurde von der FIFA zu einer Geldstrafe von 25000 Schweizer Franken verdonnert. Vermutlich war das ein kleiner Fisch für Kuwaits Fußball-Boß, der jedoch persönlich auch noch mit einem Verweis belegt wurde. Für Scheich Al-Jaber war die Angelegenheit damit nicht etwa schon ausgestanden. Er hatte einen Ausspruch getan, der die Verantwortlichen des Weltfußball-Verbandes gehörig in Rage brachte: Die FIFA sei ärger als die Mafia; Kuwait habe – als kleines Land – nicht in die zweite Runde kommen dürfen ...

Für den der Lage nicht gewachsenen Schiedsrichter Miroslaw Stupar war mit diesem ersten von ihm geleiteten Spiel auch schon das Ende der Weltmeisterschaft gekommen. Die FIFA warf ihm vor, die entstandenen Tumulte herausgefordert zu haben, und suspendierte ihn von der weiteren Teilnahme. *Wolfgang Rothenburger*

Frankreich – CSSR 1:1 (0:0)

Für Frankreich begannen sich die Wolken zu verziehen. Der Streit zwischen Trainer Hidalgo und Didier Six schien – zumindest für die WM-Tage – aus der Welt geräumt. Der Stuttgarter war ja der einzige im Team, der sein Geld vor der Spanien-Endrunde im Ausland verdient hatte. Nach der Weltmeisterschaft könnte sich da einiges ändern; Platinis Fortgang war ja schon beschlossene Sache.

Monsieur Hidalgo, der nach dieser Weltmeisterschaft einen neuen Job suchen will – egal, was noch auf ihn zukommen sollte –, hatte aus der Not eine Tugend gemacht, Gérard Soler, zunächst als Six-Alternative vorgesehen, blieb am rechten Flügel, Six dagegen am linken. Da gab es merkwürdige Gegenwartsparallelen: Six blieb in Stuttgart, wo für den ehemaligen deutschen National-Mittelstürmer Müller kein Platz mehr war. Dieter wechselte nun nach Bordeaux zu Girondins, und dort mußte ihm Soler weichen. Der 29jährige Flügelstürmer mit spanischen Vorfahren wechselte aus Verärgerung nach Toulouse – und Bordeaux bekam den in Stuttgart verärgerten Müller. Längst ist Europas Fußball zu einem Spiel der offenen Landesgrenzen geworden!

Vor dem Spiel gegen die CSSR hatte Frankreich einen Vorteil: Die Mannschaft brauchte nur noch einen Punkt, um erstmals seit 1958 über die 1. Runde hinauszukommen. Einmal-Nationalspieler Hidalgo, einst Spieler in Reims und Monaco, mit knapp 50 Jahren fast noch zu jung für einen Nationaltrainer, witterte die Chance, Frankreich in einem wichtigen Augenblick aus der jahrelangen WM-Anonymität zu befreien. Er hatte ja schon 1978 das Amt des Chefcoachs inne. Und niemals zuvor war es einem Nationaltrainer Frankreichs überhaupt gelungen, das Land zweimal nacheinander in die Endrunde einer Weltmeisterschaft zu führen.

Die Franzosen, deren Nationaltrainer-Job einst so eine Art Schleudersitz war, hatten es den Nachbarn abgeschaut, daß Erfolge der Nationalmannschaft nur langfristig anzuvisieren sind – und am besten mit ein und demselben Mann.

Hidalgos Effekt strahlt auch auf die Zukunft aus: Frankreich ist Veranstalter der Europameisterschafts-Endrunde 1984 und will unbedingt die Weltmeisterschaft 1992 ins Land holen. So machten sich sogar Sportministerin Edviga Avice und Frankreichs Fußball-Verbandspräsident Sastre auf den Weg nach Spanien,

Der beim VfB Stuttgart spielende Didier Six (hier im Zweikampf erfolglos gegen Janecka) öffnete mit seinem Treffer zum 1:0 (Endergebnis 1:1) der französischen Mannschaft das Tor zur 2. Finalrunde.

um zu sehen, was man lernen, aber auch was man besser machen kann. Die Spieler merkten nichts davon; die Geste aber freute die diesesmal gastgebenden Spanier.

Etwas bereitete Hidalgo Sorgen, und das waren die Formschwankungen seiner Spieler. Der sehnige, drahtige Dominique Rocheteau von der SG Paris, mit 1,78 m einer der Längsten im Zwergensturm der Franzosen, war gerade in den ersten WM-Tagen nicht in bester Form. Das Problem Soler–Six indes hatte sich – wie erwähnt – auf wundersame Weise gelöst.

Die CSSR stand vor noch schwereren Problemen. Verteidiger Jakubec mußte nach Hause geschickt werden, weil seine schlimme Angina-Erkrankung während der WM-Tage nicht hätte auskuriert werden können. Zudem steckt ein infektiös erkrankter Mann unter Umständen noch andere Spieler an.

Nun ja – das fiel so stark nicht ins Gewicht. Die Torwartfrage aber hatte sich zum Torwartproblem entwikkelt. Keeper Seman war im Spiel gegen England ausgewechselt worden. Anschließend hieß es, er habe sich einen Finger gebrochen. Der für ihn ins Team gekommene Hruska erfüllte die Erwartungen ebensowenig wie sein Vorgänger.

Trainer Venglos, einst selbst aktiver Spieler wie sein Kontrahent Hidalgo, stellte einen „Weltmeisterschafts-Weltrekord" besonderer Art auf. Für das 3. Spiel der 1. Finalrunde stellte er den dritten Torhüter auf: Stromsik von Dukla Prag, gerade 24 Jahre alt geworden und mit erst zwei Länderspielen der international unerfahrenste Keeper, als ihn Venglos zur bislang schwersten Bewährungsprobe berief.

Es wurde kein großes Spiel. Von ihrer Wunschmannschaft hatte die CSSR praktisch nur noch Fiala, Stambachr, Janecka, Vizek und Nehoda dabei. Das Toreschießen hatten die Tschechoslowaken, seit jeher schon eher ballverliebt als torhungrig, noch nicht wieder gelernt. Auch Zdenek Nehoda nicht, ein 30jähriger, der noch auf eine lukrative Fußballerzukunft in einem Lande hofft, in dem die Währung auf festerer Basis steht als in der CSSR-Heimat die Krone.

Späher, die ihn bei diesen WM-Spielen gesehen haben, könnten allerdings ihre Zweifel bekommen haben, ob Nehoda der von vielen Klubs gesuchte Mann war. Auch wenn es nicht klappte: Seine berufliche Zukunft hatte Nehoda schon abgesichert. Unmittelbar vor der Reise nach Spanien schloß Zdenek ein fünfjähriges Jurastudium an der berühmten Karls-Universität in der einst Goldenen Stadt Prag ab. Mit 32 Toren für die CSSR galt er als einer der gefürchteten Schützen, doch in Valladolid blieb er Beweise seiner Gefährlichkeit auch gegen die Franzosen schuldig.

Die Zuschauer sahen ein Match, indem die Franzosen warten konnten, weil die CSSR aus der Situation heraus gezwungen war, das Spiel zu machen. Es lief ab wie bei vielen Duellen dieser 1. Runde, in denen man zuviel erhoffte und zuwenig erlebte.

Erst in der zweiten Halbzeit verstärkten die Franzosen, die Schußschwäche ihres Gegners spürend, Tempo und Wucht des Spieles. Dann gelang es ausgerechnet Didier Six, dem zunächst Ungeliebten, das 1:0 zu vollenden. In der 67. Minute hatte Lacombe den CSSR-Drittkeeper Stromsik rettungslos ausgespielt. Six blieb lediglich die Vollendung des Werkes vorbehalten.

Dabei blieb es. Der Eindruck, daß die Tschechoslowaken dem Spiel noch die entscheidende Wende zum Sieg geben könnten, machte sich nirgendwo breit. Hidalgo hatte sogar den Torvorbereiter Lacombe gegen Alain Couriol und kurz vor Schluß auch noch Soler gegen Girard ausgetauscht.

Dann passierte es doch noch: Foul an Vizek – Elfmeter. Als hätte Venglos so etwas geahnt! In der 70. Minute beorderte er Panenka für Janecka ins Spiel. Für Strafstöße ist dieser bei Rapid Wien agierende Mittelfeldspieler der richtige Mann.

Er ließ dem nicht von allen Kennern französischen Fußballs als Nr. 1 unter den Keepern eingestuften Ettori ebensowenig eine Chance wie genau eine Woche zuvor dem Torhüter aus Kuwait. Fünf Minuten vor Schluß bedeutete das dennoch das Ende aller CSSR-Hoffnungen. Woran es der CSSR mangelte, wurde hier noch einmal deutlich: Zwei Tore insgesamt in dieser 1. Runde – beide durch Panenka-Elfmeter! Es spielte schon fast keine Rolle mehr, daß Mittelstürmer Vizek – offenbar in der Aufregung darüber, daß sein Team doch noch das zweite, entscheidende Tor glücken könnte – sich zu einem bösen Foul an Soler hinreißen ließ. Die Folge war Platzverweis. Soler ging, Girard kam für zwei Minuten. Man wurde an Englands erstes Spiel gegen Frankreich erinnert: Da kam Neal für England kurz vor dem Abpfiff ins Spiel – und ging aus dem Spiel wieder hinaus, ohne einen einzigen Ballkontakt gehabt zu haben.

Auch in Frankreichs Freude über den Sprung in die 2. Runde fiel ein Wermutstropfen: Außenverteidiger Amoros aus Monaco sah die zweite gelbe Karte: Das bedeutete eine Zwangspause für das erste Spiel der 2. Runde.

Ein bißchen Freude aber gab es auch: Als zweiter gelangte Frankreich in eine Gruppe, die keinen einzigen der bei der Januar-Auslosung in Madrid bevorzugten „Gesetzten“ enthielt. *Wolfgang Rothenburger*

England – Kuwait 1:0 (1:0)

Gesetzt war dagegen England, das nach diesem 1:1 der Franzosen schon vor dem letzten Spiel gegen die tapferen Mannen aus Kuwait als Gruppensieger feststand. Die Chance also endlich für Kevin Keegan, der in Algorta das Zimmer mit dem ebenfalls verletzten Trevor Brooking teilte.

„Zum äußeren Zeichen haben wir schon ein rotes Kreuz an die Tür gemalt“, meinte Kevin sarkastisch.

Der Traum von seinem ersten Weltmeisterschaftsspiel rückte von Tag zu Tag in weitere Ferne.

Als Kevin seine besten Jahre gehabt hatte, steckte Englands Nationalmannschaft in der tiefsten Krise. Weder 1974 noch 1978 hatte sie sich für die WM-Finalrunden qualifizieren können. Zwei Jahre vor der WM 1982 war der nach Hamburg ausgewanderte Wuschelkopf wieder zurückgekehrt, um wieder zu kassieren, aber auch, um näher an der Nationalmannschaft dranzubleiben. Europapokalsieger war er mit Liverpool schon geworden, ehe er an die Elbe kam. Jetzt galt es nur noch, den Weltmeistertitel zu holen. „Mighty Mouse“, wie die Briten den auf dem Fußballfeld ebenso wie in Geschäftsbelangen rührigen Keegan nennen, geriet in eine Pechsträhne hinein. Die Rückenschmerzen, mit denen er schon nach Spanien und um die beiden ersten Spiele gekommen war, wichen nicht aus seinem 1,70 Meter kleinen Körper.

Plötzlich war Keegan sogar aus dem Trainingscamp verschwunden. Man rätselte herum: Wunderheiler in Bilbao? Rückkehr auf die Insel? – Richtig war, daß er sich in Hamburg einem bewährtem Mediziner anvertraut hatte. Zurückgekehrt, blieben die Beschwerden jedoch bestehen.

Während die anderen siegten und im Training fleißig mit dem Ball spielten, trabte Kevin – fast schon resignierend – auf dem Rasen umher. Und er wußte, daß gerade die Engländer jenen Satz beherzigen, den sie selbst einmal geprägt haben: „Never change a winnig team!" – Ändere nie (ohne Grund) eine siegreiche Mannschaft. Zudem munkelte man, der bullige, 60jährige Ron Greenwood sehe es gar nicht so ungern, auf Kevins Dienste zu verzichten. Auch der Keegan-Lorbeer welkt einmal ...

Es schmerzte den englischen Coach schon mehr, daß er auf Bryan Robson verzichten mußte. Der Mann des „schnellsten WM-Tores" hatte sich eine Leistenzerrung zugezogen. Das bedeutete eine mindestens zehntägige Pause, zumal Robson für derartige Verletzungen anfällig schien. Schon vor seinem 8-Millionen-Mark-Transfer von West Bromwich Albion zu Manchester United hatte Bryan mit derselben Verletzung wochenlang auf Eis gelegen. Wie in so vielen ähnlichen Fällen: Die Weltmeisterschaft ließ manchen Schmerz vergessen, doch manche Verletzung unauskuriert.

An der Seite des Coachs begegnete man einem berühmten Spieler einer berühmten Mannschaft: Geoff Hurst, der drei Endspieltore bei Englands erster und einziger Weltmeisterschaft schoß. Auch Bobby Charlton hielt sich ganz in der Nähe auf, der Regisseur jener legendären Mannschaft von 1966. Ob sie das einstige Glück auf ihre Nachfolger von heute übertragen wollten? Man erinnerte sich an Greenwoods – zunächst als Phrasen abgetane – Worte, die mehr und mehr Gewicht bekamen: „Ich besitze 22 gleichstarke Spieler. Fällt einer aus, ist ein anderer, gleichwertiger da."

Ohne Keegan und Robson, weiterhin auch ohne den Heimkehrer Tony Woodcock, lief England in Bilbao zum letzten Spiel gegen Kuwait ein. Ein Pflichtspiel

Die Taktik bestimmte auch das Treffen Englands und Kuwaits. 1:0 endete das Spiel, Trevor Francis war der Torschütze, der hier voll abzieht.

war's für sie, mehr nicht. Die Engländer dachten schon über den Tag hinaus, an das erste Spiel der 2. Runde.

31 000 Zuschauer pfiffen. Die Engländer spielten, als hörten sie es nicht – nicht das einzige Beispiel für taktisches Planen bei dieser Weltmeisterschaft!

In der 27. Minute wollte Trevor Francis, Millionenstar wie Keegan, drei Jahre jünger als Keegan, zudem auf der gleichen Position wie Kevin, mindestens genauso torgefährlich, wenigstens die Siegesserie der Engländer nicht abreißen lassen. Als sei es die leichteste Sache der Welt, umspielte er in einem herrlichen Alleingang alles, was sich ihm in den Weg stellte – und donnerte den Ball plaziert ins lange Eck.

Das war's dann auch schon! Mit mehr Konzentration hätte aber ausgerechnet Francis noch ein, zwei Treffer anbringen können.

Die Kuwaitis, phasenweise angefeuert von den über die Engländer enttäuschten, fast schon erzürnten Zuschauern, sahen in mancher ihrer spielerischen Bemühungen recht gut aus. Aber in der Chancenverwertung erwiesen sie sich als brav und bieder. Zudem gewannen die Beobachter den Eindruck, daß die Engländer auch ein mögliches Torunheil jederzeit wieder hätten ausbügeln können.

1:0 – wie so oft in dieser 1. Runde! „Mehr Pflicht als Kür", würde man in der Sprache des Eiskunstlaufes sagen. Sie wurden mit Pfiffen verabschiedet – die Sieger nahmen es gelassen hin. Briten lassen sich nicht so schnell aus der Fassung bringen.

6:0 Punkte – nur das zählte zunächst. „Profidenken" und „Profitdenken" sind nur durch einen kleinen Schritt getrennt, auch wenn – wie es schien – Coach Greenwood in dieser 1. Runde die Solisten geopfert und den Teamgeist gefördert hatte.

Kevin Keegan beschäftigte sich derweilen mit seiner Sammlerleidenschaft und war auf emsiger Suche nach einem Oldtimer-Auto. Daheim in „Oxlease" stehen bereits ein Lotus E, ein Ford 1945 und ein Sunbeam aus den dreißiger Jahren. Entging ihm auch die ehrenvolle Teilnahme an der 1. WM-Runde, so hatte er doch kurz zuvor hohe Ehre erfahren: Zur Geburtstagsfeier von Queen Elizabeth II. erhielt er den Orden des Britischen Empires verliehen ...

Ein versöhnliches Ende der 1. WM-Runde in Spanien gab es schließlich sogar für den sportlich nicht so erfolgreichen Außenseiter Kuwait. Scheich Fahd Al-Ahmad Al-Jaber Al Sabah bedauerte in einem Fernschreiben die Zwischenfälle und auch seine Aussagen. Der Scheich erklärte, sowohl er selbst als auch seine Intervention seien falsch interpretiert worden. Er akzeptierte die Sanktionen der FIFA und erklärte zugleich seine „Unterwerfung unter den Weltverband". Dem Mächtigen eines steinreichen Landes wird dieser Schritt kaum leichtgefallen sein. Indes – er war erforderlich.

Wolfgang Rothenburger

Abschlußtabelle Gruppe 4

1. England	3	3	0	0	6:1	6:0
2. Frankreich	3	1	1	1	6:5	3:3
3. CSSR	3	0	2	1	2:4	2:4
4. Kuwait	3	0	1	2	2:6	1:5

GRUPPE 5

Spanien – Honduras 1:1 (0:1)

Vielleicht hatten die spanischen Fans, Spieler und Funktionäre zwei Stunden zuvor noch gelacht und gespottet, als sie erfuhren, daß der Fußballzwerg Algerien den „deutschen Riesen“ das Fell über die Ohren gezogen hatte. Aber als dann in Valencia die Sonne unterging, war ihnen selbst eher zum Heulen zumute.

Auch das große Spanien, der WM-Gastgeber, hatte sich bis auf die Stutzen blamiert, war in seinem Eröffnungsspiel haarscharf an einer Katastrophe vorbeigeschrammt. Doch das 1:1 gegen Honduras, gegen das Land aus dem Armenhaus Mittelamerikas, war noch schlimm genug. Am Tag, als der Aufstand der Kleinen begann (den Kamerun schon mit seinem 0:0 gegen Peru angedeutet hatte), erwischte es auch die stolzen Spanier, die sich ihr Auftaktspiel wohl als leichte gymnastische Aufwärmübung gedacht hatten. Aber Honduras erzwang ein Unentschieden, und den Spaniern verging vorerst das Lachen.

„Früher wollte jeder sein eigener König sein“, hatte Spaniens Trainer José Emilio Santamaria vor der Premiere seinem Fanvolk verkündet, „jeder wollte sich nur im persönlichen Ruhm und Glanz sonnen. Aber wir haben nun ein Orchester geformt, dessen Gleich- und Wohlklang die Welt entzücken wird!“

Doch was Santamaria, einst Abwehrrecke beim Europapokal-Dauersieger Real Madrid, dann mit seinem angeblich so harmonischen Orchester vorführte, klang eher wie das mißtönende Einstimmen der Instrumente, bevor der Vorhang aufgeht. Jeder spielte ein bißchen falsch, und die Männer aus Honduras lachten sich ins Fäustchen. Hatten die Spanier schon an die vielen, vielen Peseten gedacht, die auf sie warteten? Umgerechnet 100000 Mark waren bereits auf den Konten der Spieler gelandet, noch ehe sie dem WM-Ball offiziell den ersten Stoß versetzt hatten. 100000 Mark aus der Werbung für jeden! Da flogen sie durch den Strafraum, im Werbefilm, vortrefflich eingehüllt in schicke Maßanzüge. Sicher ein vorzüglicher optischer Gag, aber wo bleibt dann die Wirkung, wenn man in der Berufskleidung einen Bock nach dem anderen schießt? Gar 230000 Mark pro Nase waren den Spielern versprochen worden, sollten sie in das WM-Finale am 11. Juli einziehen. Und da kamen diese „Männchen“ aus Honduras des Wegs und schnappten sich einen köstlichen Punkt vom Büfett, das eigentlich ausschließlich für die Spanier bestimmt gewesen war.

Geliebt hatte ja die „Nation“ ihr Nationalteam eigentlich nie so recht. Da kamen immer erst die großen Klubs Real Madrid, FC Barcelona, San Sebastian, FC Valencia und dann vielleicht allmählich das Team des Landes.

Aber diesmal sollte das alles anders sein. Daheim war ja die Chance, erstmals auch Weltmeister zu werden, groß wie nie zuvor: WM-Gastgeber haben immer einen Vorteil. Sogar die „kleinen“ Schweden und Chilenen waren bei „ihren Weltmeisterschaften“ auf eigenem Boden Zweiter beziehungsweise Dritter geworden: 1958 und 1962. Unter die letzten Vier zu kommen, war den Spaniern also fast selbstverständlich. Doch nach der Bauchlandung im Aufwärmspiel sah das nicht mehr so rosig aus. Da mußte sich sogar der König mit Grausen abwenden, als Honduras nach dem Schlußpfiff das 1:1 bejubelte.

Im Luis-Casanova-Stadion von Valencia, das genau 47542 Plätze bietet und dem FC Valencia gehört, rannten die Spanier von Anfang an wie hirnlose Rammböcke gegen eine wohlorganisierte, kampfstarke und leidenschaftlich spielende Abwehr an, in der der riesige Libero Costly die Bälle wie ein Automat wegputzte.

Man muß die Zahlen vergleichen: Honduras 15000 Spieler in 550 Vereinen – Spanien 320000 Spieler in 7600 Klubs! Und da kam noch dieser 25jährige Hector Ramon Zelaya daher und haute den Spaniern schon in der 8. Minute ein Ding ins Netz, das die Spanier direkt ins Herz traf.

Was kam, war Ratlosigkeit auf spanischer Seite. Keiner wußte, wie der Abwehrblock der Männer aus Honduras, die mit allen „Mann an Bord" die Verteidigung bildeten, zu knacken war. Es bedurfte schon eines Elfmeters – und der war sogar ziemlich umstritten –, um noch ein Remis zu retten, was die spanische Presse tags darauf immer noch als beschämende Blamage apostrophierte. Jesús Satrustegui aus San Sebastian vom spanischen Landesmeister war zu Boden gebracht worden, und sein Klubkollege Roberto Lopez Ufarte, den sie daheim den „Brasilianer" nennen, schoß den Elfmeter in der 65. Minute ins Netz.

Mehr war nicht mehr zu schaffen, und Honduras hatte gleich bei seiner ersten WM-Teilnahme im ersten

Die Spanier hatten sich ihr Spiel gegen Honduras als „Spaziergang" vorgestellt, doch am Ende hieß es nur 1:1. Nicht nur Saura (Nr. 15) scheiterte an Torhüter Arzu.

Spiel gegen den favorisierten Gastgeber einen Punkt geholt . . .

In einem sündteuren Höhentraining, das eine Viertelmillion Mark kostete, hatten die Spanier in La Molina Kondition getankt. Offensichtlich hatten sie vergessen, auch konsequente Zielübungen zu machen.

Man wußte schon vorher, daß Spaniens Team an Schußschwächen seiner Angreifer leidet und einen überragenden Mittelfeld-Dirigenten vermißt. „In Spanien spielt man auf Konter, und meine Mannschaft muß mit diesem System gewinnen", hatte Trainer Santamaria gesagt. Aber wie soll man Konter gegen eine Mannschaft spielen, die kaum angreift, sondern technisch gekonnt defensiv spielt und sich mannhaft einigelt? Da muß man eben selber angreifen, und dieses System beherrschten die Spanier in diesem Spiel nicht. So bot Honduras eine Sensation, und seine Spieler durften sich zusammen mit den Kollegen aus Kamerun (0:0 gegen Peru) und vor allem mit jenen aus Algerien mit stolzgeschwellter Brust durch das sonnige WM-Spanien bewegen. Die Davids hatten den Goliaths die Nase plattgedrückt – zumindest nach dem ersten Spiel. *Hans-Jürgen Jendral*

Jugoslawien – Nordirland 0:0

Miljan Miljanic, der ruhmreiche Trainer der Jugoslawen, hatte Spaniens Ausrutscher „wohlwollend" zur Kenntnis genommen. Er wünschte ja auch mit seinen Mannen in die 2. Runde einzuziehen. Schon 1974 war er WM-Trainer seines Landes gewesen, und er hatte Real

Madrid zweimal zum spanischen Meister gemacht. Er war also wieder „daheim“. „Wir müssen mit dem ewigen Handicap der Legionäre leben“, sagte er. „Noch nie ist uns der große Durchbruch gelungen, aber die nächste Runde erreichen wir bestimmt. Wir können alles. Angst haben wir vor keinem. Unser Team ist eine Mischung aus Routiniers und hungrigen Talenten. Das Treffen mit den Nordiren wird ein Schlüsselspiel!“

Es wurde ein „Schlüsselspiel“ ohne Tore, in dem nach ein paar forschen Ansätzen bald die Langeweile die Hauptrolle spielte, eines jener „Null-Spiele“, die Fans auf den Rängen wie Fans vor den Bildschirmen gleichermaßen fürchten. Man wartet auf Tore – sie können ja jede Minute fallen –, aber es tut sich nichts, und nach dem Abpfiff ärgert man sich grün und blau, daß man dabeigeblieben ist. Die technisch etwas versierteren Jugoslawen scheiterten an der eigenen Routine, die beim lähmenden Kurzpaßspiel keine überraschenden Ideen und Momente zuließ.

Und die Nordiren, fast sämtlich als Profis in englischen Klubs tätig, waren ohnehin als Außenseiter in dieses Treffen gegangen – nach Vorbereitungsspielen, die alles andere als erfolgversprechend waren. Ins Stadion von Saragossa, der ältesten Christenstadt Spaniens mit ihrer berühmten Wallfahrts-Madonna, waren nur knapp 10000 Zuschauer gekommen, darunter viele „grüne Fans“ von der Insel. Alle, die fehlten, brauchten das wirklich nicht zu bereuen. Außerdem war es heiß, zu heiß, weit über 30 Grad!

Mangels großer Spielszenen kann man sich also getrost mit einigen Persönlichkeiten befassen, die an diesem Spiel beteiligt waren. Schon sehr interessant die beiden Trainer: hier Miljan Miljanic, einer der profiliertesten Männer seiner Sparte in der Welt, dort Billy Bingham, der 50jährige. Unter den 24 WM-Trainern in Spanien durfte er zusammen mit Vincent (Kamerun) auf einen ganz besonderen Vorzug hinweisen. Die beiden waren nämlich die einzigen „Praktiker" unter den Kollegen, die einzigen, die selber schon einmal bei einer Weltmeisterschaft mitgespielt hatten! Das war 1958 in Schweden, als sich die Nordiren zum ersten und einzigen Male vor Spanien für eine WM-Runde hatten qualifizieren können.

Billy Bingham spielte damals Rechtsaußen in jener Mannschaft, die unter die letzten acht vorstieß, die gegen Deutschland 2:2 spielte und in der Torwart Harry Gregg stand, der sogar bei uns zu Lande als „Mann im grünen Sweater" berühmt war. Ergraute Fans erinnern sich bestimmt noch: WM in Schweden, deutsche Halbfinal-Niederlage gegen Schweden, Platzverweis für Juskowiak, in Deutschland wurden die Autos schwedischer Urlauber demoliert, die Reifen zerstochen . . . Im Kampf um Platz 3 verloren die Deutschen dann gegen Frankreich mit dem heutigen Kamerun-Trainer Vincent, und Brasilien wurde Weltmeister.

Billy Bingham konnte also von sich sagen: Ich weiß aus praktischer Erfahrung, wie es auf dem Rasen eines WM-Spiels zugeht! 22 seiner Kollegen durften da nur auf theoretische Kenntnisse verweisen. Interessant waren auch die beiden Torleute: hier der 37jährige Pat Jennings vom FC Arsenal London, der in Spanien am 12. Juni Geburtstag feierte und gegen Jugoslawien zum 93. Male im grünen nordirischen Landestrikot spielte, also auch er einer jener Torwart-Evergreens wie der Italiener

Dino Zoff oder früher der Münchner Sepp Maier. Und auf jugoslawischer Seite der knapp 31jährige Dragan Pantelic, zuletzt in Bordeaux tätig. Kürzlich hatte er in Frankreich Streit mit einem Schiedsrichter gehabt, und der Verband warf ihn sozusagen aus dem Land. Die Kollegen von Pantelic antworteten auf ihre Weise – sie spielten im letzten Meisterschaftsspiel aus Protest ohne Torwart (!), kassierten eine hohe Niederlage ...

Dragan Pantelic kann auf ein weiteres Husarenstück verweisen. Soweit bekannt ist, darf er sich als einzigen Torwart der Welt bezeichnen, dem es gelang, mit einem Abschlag ein Tor zu erzielen! Dieses Kunststück glückte ihm vor einigen Jahren in einem jugoslawischen Meisterschaftsspiel, und das Fernsehbild dieser Sensation ging um die halbe Welt.

Ein weiterer Spieler zog in diesem Treffen Jugoslawien – Nordirland die Aufmerksamkeit der Journalisten und Fans auf sich. Trainer Billy Bingham setzte den gerade 17jährigen Norman Whiteside als linke Sturmspitze ein. Der junge Bursche wurde in Spanien sozusagen zum „statistischen Star" – als jüngster Teilnehmer unter den 576 WM-Spielern. Übrigens ist der stämmige 17jährige mit dem Gardemaß von 1,90 m derzeit noch „Lehrling" beim berühmten englischen Klub Manchester United und freut sich, wenn er dort bei einem Punktspiel wenigstens hin und wieder auf der Auswechselbank sitzen darf. Ist das eine Karriere? Vom Lehrling zum WM-Spieler!

So war man also in der Gruppe 5 nach der ersten von drei Runden genauso schlau wie zuvor. Jeder hatte einen Punkt bekommen, und in zwei Spielen waren gerade zwei Tore gefallen.

So ein Unentschieden hat seine zwei Seiten. Aus spanischer Sicht war es eine schier unerträgliche Blamage, aus hondurianischer ein grandioser Erfolg. Hier forderte man den Kopf des Trainers, dort war er über Nacht ein Volksheld – und beides nach demselben Ergebnis. 500 Dollar sollen die Männer aus Mittelamerika für diesen Punktgewinn im ersten WM-Spiel bekommen haben – ein Vermögen für sie! Unter den WM-Teams waren sie ja die Ärmsten der Armen. Als Halbprofis bekommen sie daheim eine monatliche Entlohnung von etwa 700 Mark, und selbst das ist nicht einmal bewiesen.

Der Fußballverband von Honduras hatte nicht einmal das Geld, um anständige WM-Vorbereitungen bezahlen zu können. Vom Weltverband mußte er sich einen Vorschuß von 100 000 Dollar auf seinen Einnahmeanteil geben lassen. Nur so konnte er dann auch an jeden seiner WM-Spieler den Lohn für die Qualifikation auszahlen: 4500 Mark. Für jeden Spieler muß dieser Zahltag wie Weihnachten gewesen sein! Man stelle sich nur vor, was passieren würde, wenn es einer wagen würde, den deutschen Stars, den höchstbezahlten Spielern der Welt, eine solche Summe „anzubieten" ...

In Spanien trennten die Spieler nicht so sehr die Leistungen, was der Aufstand der Kleinen bewies, sondern Welten lagen zwischen Prämien und Gagen hier und dort. Findige Statistiker hatten es herausgefunden: Der Argentinier Diego Maradona wird künftig beim FC Barcelona im Jahr (geschätzt 2,6 Millionen Mark) mehr

Es schien ein Schlüsselspiel zu sein, doch es blieb ohne Tore: Jugoslawien – Nordirland 0:0. William Hamilton im Zweikampf mit Nenad Stojkovic.

verdienen als alle 110 WM Spieler aus den fünf Fußball-Entwicklungsländern Honduras, Kamerun, Neuseeland, El Salvador und Algerien zusammen!

Nun rüsteten die Spanier also (moralisch) auf für das vorentscheidende Spiel gegen Jugoslawien. Noch eine Pleite konnten sie sich nicht erlauben, und entsprechend hektisch und dramatisch verliefen Vorspiele und Vorbereitungen. Jeder gab „gute Ratschläge".

Die verunsicherten Spanier kamen auf die verrücktesten Ideen. Es ging ja nicht nur um das Prestige der Mannschaft, sondern natürlich um ihr Weiterkommen in die 2. Runde und damit sozusagen um die „Rettung" dieser WM. Wenn die Gastgeber das Fußballfest vorzeitig verlassen mußten, waren vor allem verheerende finanzielle Auswirkungen auf das weitere Turnier zu befürchten. Spaniens Zuschauer wären wohl so „beleidigt" gewesen, daß die meisten von ihnen die weiteren Spiele boykottiert hätten. Daran konnte auch den anderen Mannschaften (wegen ihrer Beteiligung an den Einnahmen) kaum gelegen sein, und deshalb dürften sie die Daumen gedrückt haben, daß die spanischen WM-Fußballer aus ihrer Krise herausfänden, in die sie gegen Honduras zweifellos geschlittert waren.

Hans-Jürgen Jendral

Spanien – Jugoslawien 2:1 (1:1)

Am Sonntag, 20. Juni 1982, müssen zwei Druckwellen die Iberische Halbinsel erschüttert haben. Die erste löste der gemeinschaftliche „Nationenschrei" nach dem Tor zum 2:1 gegen die Jugoslawen aus, die zweite fegte nach dem Schlußpfiff über das Land, als der erste Sieg und damit vielleicht der Einzug der Gastgeber in die nächste Runde feststand.

Wie viele Steine mögen an diesem Abend von den heißen spanischen Seelen gefallen sein? Am Tag, da die Sonne auch endlich für die deutschen Ballkicker strahlte und die deutsche Bankrotterklärung gegen Algerien (beinahe) vergessen war, zog auch warme, jubelnde Zufriedenheit in die Herzen der Spanier ein. „Mundial" schien gerettet, jedenfalls vorläufig, aus fußballsportlicher, fußballnationaler und fußballwirtschaftlicher Sicht. Man konnte (und durfte) sich gar nicht vorstellen. was sich ereignet hätte, wenn es umgekehrt gelaufen wäre, wenn die Jugoslawen . . .

Und so weit waren die gar nicht davon entfernt, Spaniens Fußball in das „Nichts" zu stoßen. Kam da doch in der 10. Minute ein 22jähriger Bursche namens Ivan Gudelj (Hajduk Split) daher und lenkte den Freistoß von Petrovic gekonnt mit dem Kopf ins spanische Tor. Im natürlich ausverkauften Stadion von Valencia, gesäumt von fahnengeschmückten Häuserblocks, herrschte Totenstille.

Daß wieder Leben in die Fans kam, dafür sorgte tatkräftig der dänische Schiedsrichter Lund-Sörensen. Alle, zumindest fast alle, sahen eindeutig, daß Alonso außerhalb des Strafraums gefoult wurde, doch der schwarze Mann zeigte unbeirrt auf den Elfmeterpunkt. Lopez Ufarte, der schon das 1:1 gegen Honduras mit einem unberechtigten Elfmeter hergestellt hatte, lief an – und schoß daneben! Blieben da einige Herzen für Hundertstelsekunden stehen? Doch gemach, die Spanier durften noch einmal: Pantelic, der Torwart, hatte sich zu früh bewegt. Also das Ganze wieder von vorne, diesmal war Juanito von Real Madrid, der eigentlich Juan Gomes heißt, der Hauptdarsteller, und er hatte seinen Text nicht vergessen.

1:1 – Spaniens Fußballwelt war wieder in Ordnung. Nach einer Viertelstunde fingen die beiden Mannschaften wieder von vorne an und setzten ein Fußballmatch fort, das von seinem Tempo und von der schier unbeschreiblichen Stimmung her wohl zu den feurigsten, heißblütigsten und mitreißendsten des ganzen WM-Turniers gehörte.

Die Jugoslawen spielten weit über eine Stunde lang herrlich., waren nervenstark, diszipliniert und offenbar

Spaniens Torhüter Arconada streckt sich vergebens nach dem 1:0-Kopfball des Jugoslawen Ivan Gudelj (vorn am Boden). Letztlich blieben die WM-Gastgeber jedoch mit 2:1 die Sieger.

unbeeindruckt von dem Hexenkessel, in dem sie bis zum Hals steckten. Die Spanier aber wurden von der Begeisterungswelle buchstäblich in Richtung jugoslawisches Tor gepeitscht. Das ganze Stadion spielte mit an der Seite seiner Mannschaft. Eigentlich war das nächste Tor nur noch eine Frage der Zeit. Aber wer sollte es schießen, wer es vorbereiten? Deutlich wurden wieder die spanischen Mängel: Die „Macher" fehlten., der Spielmacher und der Tormacher. Da hatte Trainer Santamaria „die" Idee, wahrscheinlich eine seiner besten. In der 63. Minute schickte er Enrique Castro, genannt Quini, den 33jährigen Torschützenkönig des FC Barcelona, aufs Feld, und mit ihm Enrique Saura, den 28jährigen Mann aus Valencia, den er damit zum Volkshelden machte, denn Saura schoß ausgerechnet in „seinem" Stadion den Siegestreffer, der vorläufig alle Wolken vom spanischen Fußballhimmel hinwegfegte.

Quini und Saura, die beiden Joker, machten das „Wunder" möglich. Juanito trat einen Eckstoß, Quini verlängerte den Ball mit Effet wie eine Billardkugel. Und Saura fetzte mit beiden Füßen voraus in die Lederkugel und drückte sie ins jugoslawische Tor. Nachdem die Fans ihren Siegesschrei beendet hatten, ließen sie einen Konfettiregen vom Stapel. Ihre Sorgen lösten sich in Luft auf.

Die jugoslawische Gegenwehr war nun gebrochen; die Künstler vom Balkan, die so duftig-leicht mit dem Lederball hantieren können, schienen müde, niedergedrückt von dem Begeisterungssturm, der ihnen ins Gesicht blies. Den Spaniern aber stärkte er den Rücken, bis sie endlich nach dem erlösenden Aufschrei, der dem Schlußpfiff folgte, auf der Stelle treten konnten.

Die Spanier feierten, als hätten sie bereits das Endspiel vom 11. Juli gewonnen. Dabei war es doch erst ein kleiner Schritt vorwärts. Selbst das Fortkommen in die 2. Runde der besten zwölf Teams war noch nicht garantiert. Da warteten ja noch die Nordiren, und die Jugoslawen konnten sich ihrerseits noch durch ein „Preisschießen gegen Honduras in Szene setzen. Doch alles Wenn und Aber galt an diesem herrlichen Abend nichts. Spanien hatte gewonnen – und nur das zählte! Wer wagte da von einem Elfmeter-Geschenk, gleich einem doppelten, zu sprechen, wenn spanische Fans in der Nähe waren? Wer riskierte, die Jugoslawen zu loben, die viele Chancen mit viel Pech vergeben und hervorragend Fußball gespielt hatten?

Am besten tat man daran. mit den Spaniern zu feiern. Gedacht und gerechnet konnte ja auch am nächsten Tag werden, wenn man wußte, wie das Spiel zwischen Nordirland und den erstaunlichen Fußballspielern aus Honduras ausgegangen war.

Dutzende Male sahen sich die Spanier noch „ihre“ beiden Tore an und ließen Enrique Saura hochleben, auf dessen Wohl sicherlich nie mehr so viele Gläser gehoben werden. Und als der Rausch verflogen war, sah man sich dann Nordirland gegen Honduras an.

Hans-Jürgen Jendral

Honduras – Nordirland 1:1 (0:1)

Und die trennten sich wieder einmal unentschieden! Jerry Armstrong brachte die Iren, von denen nur einer daheim sein Geld verdient, per Kopf schon nach zehn Minuten in Führung, und ebenso mit dem edlen Haupt glich in der 60. Minute der gerade eingewechselte Antonio Laing aus. Nach zwei „Durchgängen" konnte in Gruppe 5 nun noch jeder den Aufstieg unter die zwölf Besten schaffen, und man durfte rechnen: „Wenn der so... und wir so... aber wenn..."

Ein gutes und schnelles Spiel lieferten sich die Mannschaften von Honduras und Nordirland beim 1:1. Armstrong erzielt hier per Kopf den Führungstreffer der Nordiren.

Die Spanier waren jedenfalls in der besten Ausgangsposition, ihnen reichte ein Unentschieden für einen der ersten drei Plätze an der weiteren WM-Sonne, und sie konnten zusammen mit den Nordiren in aller Ruhe beobachten, was sich so im vorletzten Spiel zwischen Jugoslawien und Honduras tat, die einen Tag vor ihnen gegeneinander spielten.

Für Jugoslawien war die Sache eigentlich auch klar: Sie mußten siegen mit möglichst vielen Toren – Tore sozusagen auf Vorrat schießen und dann auf fremde Hilfe hoffen. In dieser Gruppe war in der letzten Runde noch das „Tollste" möglich: Gastgeber Spanien konnte rausfliegen, und Honduras konnte Gruppenerster werden! Mit zwei Remis hatte diese Mannschaft bis dahin ohnehin schon mehr erreicht, als ihr die Fußballwelt zugetraut hatte. Honduras und Kamerun waren jene beiden fußballerischen Entwicklungsländer, die auch ihre zweiten Spiele ohne Niederlage überstanden hatten. Eine bemerkenswerte Leistung! Obendrein spielte Honduras sogar noch gut, gepflegt, beherrscht, taktisch klug, technisch herausragend – alles Attribute, die man sonst nur den bekannten Stars der Fußballwelt zubilligt. Wo würden diese bemerkenswerten Männer aus Honduras am Vorrundenende stehen? In der WM-Szene war man sehr gespannt.

Hans-Jürgen Jendral

Honduras – Jugoslawien 0:1 (0:0)

Um ein Haar hätte Honduras das gleiche Kunststück fertiggebracht wie die Kollegen aus Kamerun: die Vorrunde ungeschlagen zu beenden. Denn die Jugoslawen

Der 1:0-Sieg der Jugoslawen gegen Honduras war zu niedrig für den Einzug in die 2. Finalrunde. Akrobatisches Spiel zwischen Zajec (Nr. 4) und Betancourt.

konnten ihr „Muß-Ziel“, einen Sieg mit möglichst vielen Toren, nicht verwirklichen. Ja, es sah ganz so aus, als sollte es beim 0:0 und dem vorzeitigen Ausscheiden bleiben, da schossen sie wenigstens doch noch ein Tor gegen Honduras – jenen Treffer, der ihnen beste Chancen ließ, doch noch hinter Spanien (das aber seinen Teil mit einem Sieg über Nordirland beitragen mußte) die zweite Finalrunde zu erreichen.

Eigentlich war es ein Riesenglück und doch auch wieder nicht, denn der Elfmeter, den der Schiedsrichter in der 88. Minute zugunsten der Jugoslawen verhängte, war durchaus berechtigt. Sestic, der beste jugoslawische Spieler, wurde nach einem erfolgreichen Dribbling in Richtung Tor durch Droumond von hinten umgesäbelt. Das Glück der Jugoslawen bestand also darin, daß sich ihnen diese Chance doch noch geboten hatte, und sie nutzten die Gunst des Schicksals. Vladimir Petrovic übernahm mutig die Ausführung des Strafstoßes, von dem so viel abhing.

Sekunden später lag Honduras-Torwart Julio Cesar Arzu, der beste Mann seiner Mannschaft, flach wie eine gestrandete Flunder bäuchlings auf dem Rasen, in den er wohl am liebsten hineingekrochen wäre. Beim Elfmeter gab's für ihn, der zuvor so viele Glanztaten vollbracht hatte, nichts zu halten. Honduras mußte alle Hoffnungen fahrenlassen, denn diesen 1:0-Sieg ließen sich die Jugoslawen natürlich in den wenigen restlichen Spielsekunden nicht mehr nehmen.

Leider beendeten die Leute aus Honduras die WM nicht so anständig, wie sie sich zuvor geschlagen hatten. Verteidiger-Riese Gilberto Yearwood schlug zu – mit der Faust, Sljivo fiel um – und Yearwood flog vom Platz. Es war der zweite Platzverweis dieser Weltmeisterschaft. Der erste war wenige Minuten vorher, weit entfernt in Valladolid, gegen Vizek (CSSR) ausgesprochen worden.

Honduras fühlte sich wohl um den Lohn seiner Anstrengungen gebracht, aber wer nicht blind war, konnte die Berechtigung dieses Elfmeters nicht abstreiten.

Auch die 12000 Zuschauer im Stadion von Saragossa, die sozusagen bedingungslos hinter Honduras gestanden hatten, sahen das nicht anders. 88 Minuten lang schienen die Jugoslawen wie gelähmt zu sein, aber nicht nur durch die Hitze von 29 Grad. Die Männer vom Balkan, die ja wirklich prima Fußball spielen können, kamen einfach auf keine zündende Idee, wie dieser robuste Abwehrriegel der Honduraner zu knacken sei. Sie wirkten hilflos, fast wäre man geneigt gewesen, ihnen ein Lehrbuch über Angriffsfußball auf den Rasen zu reichen. Dies war das erste Länderspiel zwischen den beiden Verbänden, das Honduras um ein Haar sogar unter die Creme der Weltelite gebracht hätte. Mit 3:3 Punkten (vorausgesetzt: eine nordirische Niederlage gegen Spanien) hätten die Honduraner die zweite Finalrunde erreicht. Das wäre ein Schlager gewesen!

Nun saßen die jugoslawischen Spieler wohl noch gespannter als die spanischen Fans am Freitagabend beim Spiel der WM-Gastgeber gegen Nordirland, von dem ihr weiteres „WM-Schicksal“ abhing. Es war das letzte Spiel der Vorrunde, und es ging noch um so viel.

Hans-Jürgen Jendral

Spanien – Nordirland 0:1 (0:0)

Alles Daumendrücken half den Jugoslawen nichts. Geschockt und tief deprimiert erlebten sie die bis dahin größte Sensation dieser Weltmeisterschaft nach der Niederlage Deutschlands gegen Algerien – eine Sensation zugleich, die sie zur vorzeitigen Heimfahrt zwang. Denn die wackeren Nordiren, die praktisch schon die Koffer gepackt, die Flugkarten für die schnelle Heimreise in der Tasche hatten, bezwangen im letzten Vorrundenspiel die stolzen Spanier in Valencia 1:0 und waren nun urplötzlich, zur grenzenlosen Überraschung der Fachwelt, Gruppensieger!

50000 Zuschauer in Valencia wollten ihren Augen nicht trauen, als Schiedsrichter Ortiz Ramirez die Partie abpfiff. Da stand doch tatsächlich an der Anzeigetafel, daß ihre Männer, die doch Weltmeister werden sollten und wollten, 0:1 verloren hatten. Das einzige Tor der Partie, die von der enormen Abwehrkraft der Nordiren und dem pausenlosen, aber völlig „sinnlosen" Anrennen der Spanier geprägt wurde, schoß der 28jährige Gerry Armstrong zwei Minuten nach Anpfiff der zweiten Halbzeit. Spaniens Torhüter-As Miguel Arconada aus San Sebastian, als einziger schon 1978 im WM-Team, hatte den Ball nach vorne abspringen lassen, und Armstrong schoß das Tor seines Lebens. Sein Fußball-Präsident vom FC Watford, gerade in die erste englische Liga aufgestiegen, wird sich gefreut haben! Und das ist kein Geringerer als Pop-Idol Elton John.

Noch nahmen Spaniens Spieler und Fans die Sache nicht so ernst. Es blieb ja noch Zeit, die Scharte auszuwetzen, zumal in der 61. Minute noch Verteidiger Mal Donaghy des Platzes verwiesen wurde (Platzverweis Nummer drei in den 36 Vorrundenspielen), und die Iren nun 30 Minuten lang mit nur neun Feldspielern ihr Glück verteidigen mußten! Aber die Spanier fanden das Rezept nicht. Die Nordiren wuchsen als Abwehrkönner über sich hinaus und standen am Ende schier fassungslos vor der Tatsache, Gruppensieger zu sein und nun gegen Österreich und Frankreich um den Einzug ins Halbfinale spielen zu dürfen.

Es hätte die größte Blamage aller Zeiten für Spaniens Fußball werden können. Es war zwar schon schlimm genug, zu Hause zu verlieren, aber die Katastrophe, die große Schande wurde gerade noch vermieden, da die

Sie hatten schon die Koffer für die Heimreise gepackt, doch durch diesen Treffer von Joseph Armstrong gegen Spanien gelangten die Nordiren eine Runde weiter.

Spanier trotzdem die zweite Runde erreichten, in der sie Deutschland und England zum Gegner bekamen. In der Abrechnung wiesen sie zwar wie Jugoslawen 3:3 Punkte auf, doch sie hatten ein Tor mehr geschossen (3:3 gegenüber 2:2) und kamen so – wie Italien vor Kamerun und die UdSSR vor Schottland – weiter.

Stolz brauchten die spanischen Spieler darauf nicht zu sein, und woher sie den Mut nahmen, von den gesamten WM-Einnahmen des spanischen Verbandes einen garantierten Anteil pro Spieler von je 225000 Mark zu verlangen, wissen wohl nicht einmal die Fußballgötter.

Oder müssen Profis so sein? Jedenfalls war der bittere Kelch noch einmal an den Spaniern vorübergegangen. Man stelle sich nur vor: Hätte Honduras gegen Jugoslawien 1:1 gespielt, hätte der stolze WM-Gastgeber Spanien mit den „Armenhäuslern" aus Honduras um den Verbleib in der WM losen müssen! Nun nahmen sich die Spanier das gleiche vor wie die Deutschen: In der zweiten Finalrunde rehabilitieren wir uns! Aber leider in derselben Gruppe!

Man darf sich streiten, welche Sensation größer war: Deutschlands 1:2-Niederlage gegen Algerien oder der Sieg der Nordiren in der Gruppe 5 vor den gastgebenden Spaniern. Die „Nobodys" aus Nordirland, Spieler, die als Profis in englischen Diensten auf der Insel kaum mehr als biedere Fußball-Handwerker sind, schlugen nicht nur Spanien im eigenen Land aufs Haupt, sondern stiebitzten sich auch noch den Gruppensieg. Man stellte die Nordiren zwar nicht auf eine Stufe mit den „Lehrlingen" aus Kamerun, Neuseeland, El Salvador oder Honduras, aber ähnlich krasse Außenseiter im Hinblick auf das Erreichen der zweiten Finalrunde waren auch sie. Und nun durften sie plötzlich mit Österreich und Frankreich – und das nicht einmal chancenlos aufgrund der Besetzung dieser Gruppe – um den Einzug ins WM-Halbfinale spielen. Keine Frage, die Nordiren waren die größte Überraschung dieser Weltmeisterschaft.

Spanien hatte Glück, daß es im Rennen blieb. Weil die WM-Gastgeber ein Tor mehr als die Jugoslawen erzielt hatten, blieben sie am Ball und wendeten die größte für sie vorstellbare Katastrophe mit viel, viel Glück ab. Wenn man bedenkt, daß von den drei spanischen Toren zwei Treffer nach ziemlich umstrittenen Elfmeter-Entscheidungen fielen...

Die Spanier entgingen um Millimeter dem größten Absturz in ihrer ruhmreichen Fußballgeschichte. In der zweiten Runde sollte für sie nun alles besser werden. Sie hatten zu schwach, ideenlos, ja stupide gespielt, als daß sich die Fans und die Spieler selbst große Hoffnungen machen durften. Aber Fußball ist eben keine Wissenschaft, es konnte ja noch ganz anders, viel besser kommen... *Hans-Jürgen Jendral*

Abschlußtabelle Gruppe 5

1. Nordirland	3	1	2	0	2:1	4:2
2. Spanien	3	1	1	1	3:3	3:3
3. Jugoslawien	3	1	1	1	2:2	3:3
4. Honduras	3	0	2	1	2:3	2:4

GRUPPE 6

Brasilien – UdSSR 2:1 (0:1)

Die Wettbörse zeigte kaum Schwankungen: Brasilien blieb der große Favorit. Für eine Weltmeisterschaft auf europäischem Boden war das etwas ungewöhnlich, denn auf dem alten Kontinent hatte es bislang nur einen überseeischen Weltmeister gegeben: 1958 in Schweden. Er hieß Brasilien. Damals, fast vor einem Vierteljahrhundert, spielte eine Mannschaft, deren Ballfertigkeit, Intuitionen und Inspirationen nach Meinung der Experten von keinem anderen Weltmeister mehr erreicht worden waren.

Was tummelten sich da für Träger glanzvoller Namen: Pelé, inzwischen zur Legende geworden, damals ein junger Bursche von 17 Jahren, dessen Weltkarriere sich erst anzudeuten begann. Garrincha, ein Dribbelgenie, wie es nur alle halbe Jahrhunderte geboren wird. Didi, einer der großen Strategen des Weltfußballs. Vava und Zagalo, die beiden nicht miteinander verwandten Santos, hier Nilton, dort Djalmar. Dazu ein Torhüter von Klasse und Können: Gilmar.

Seitdem hat Brasilien viele Klassespieler auf verschiedenen Posten hervorgebracht, krankte jedoch immer wieder daran, keinen überdurchschnittlichen Torhüter zu finden. Ein brasilianisches Mysterium! All das, was die Brasilianer auszeichnet, müßte doch auch einen guten Keeper erbringen: Gewandtheit, Geschmeidigkeit, Reaktionsschnelligkeit. Von Valdir Perez aus São Paulo wagte Trainer Tele Santana nicht zu behaupten, daß er zu den besten der Welt zähle.

Brasilien hatte die Qualifikation schnell und erfolgreich hinter sich gebracht. Bolivien und Venezuela zu schlagen, war eigentlich nur eine Frage der Tore. Mit 11:2 und 8:0 Punkten hatte sich Brasilien den Weg nach Spanien gebahnt. Die Hypothek lastete zentnerschwer. Mehr als 120 Millionen Brasilianer in der Heimat erstickten jeden Zweifel am WM-Gewinn im Keime. Die Zeit hatte längst vergessen gemacht, daß die große Zeit Brasiliens auch schon ein Dutzend Jahre zurücklag. 1970 aus dem klimafreundlichen Mexiko hatte Brasilien

Eine Halbzeit lang sah es so aus, als ob die UdSSR den Brasilianern den Schneid abkaufen könnte; das 1:1 durch Socrates leitete den Umschwung ein, die Südamerikaner schafften noch den Sieg.

zum letzten Male den goldenen Weltcup „heim“ gebracht.

Trainer Tele Santana versprach: „Alle werden eine offensive brasilianische Mannschaft erleben, stark an Stars, stark an Namen, stark vor allem auch auf der Reservebank. Eine Weltmeisterschaft von so langer Dauer verlangt einsatzbereite Bank-Spieler.“

Zuversicht gaben Brasilien auch zwei Spiele gegen Europameister Deutschland: 2:1 und 1:0 für Brasilien – man hatte sich gegenseitig studieren können.

Deutschland stellte auch die Verbindung her zum vorherigen Favoriten Nr. 2 der Endrunden-Gruppe 6, zur UdSSR. Ehe die Spanien-Spiele über die Bühne gingen, hatte die Sowjetunion seit dem 21. November 1979 in insgesamt 23 Länderspielen nicht mehr verloren – der letzte Bezwinger am besagten Datum waren die Deutschen gewesen: 3:1 in Tiflis!

Die Sowjetrussen verfügten zuvor über einen weiteren Trumpf. Am 18. Juni 1980 hatten sie 2:1 gegen die Brasilianer gewonnen – in Rio! Wenn das kein gutes Omen für das erste Gruppenspiel in Sevilla war . . .

Die Russen waren nicht ohne Sorgen gekommen. Spielmacher Kipiani mußte wegen eines chronischen Hüftleidens seine Karriere unmittelbar vor der Weltmeisterschaft beenden. Außenstürmer Gutsajew von Dynamo Tiflis mußte wegen einer Beinverletzung in der Heimat „vermodern“. Was vielen bis dahin verborgen geblieben war und auch die Qualifikationsrunde nicht so deutlich gemacht hatte, war die Tatsache, daß die Russen nicht mehr Fußball nach Schablone spielten, sondern daß auch in ihren Kombinationen Witz und Wirkung, Dampf und Druck saßen.

Erst 48 Stunden vor dem Spiel war die UdSSR-Equipe aus Moskau angereist. Jeder hat da so seine Erfahrungen und Methoden; ob die sowjetische die richtige war – diese Frage erhob sich bei vielen nach dem ersten Spiel gegen den Superfavoriten Brasilien.

Zunächst lief alles gut für die ungewöhnlich respektlose, selbstbewußte UdSSR-Mannschaft. Nach einer furiosen halben Stunde erwischte plötzlich Andrej Bal aus Kiew den Ball auf dem richtigen Fuß – und Brasiliens Keeper auf dem falschen. Der sehnige Mann mit dem schütteren Haar hatte den Ball schon in den Händen. Mit einem Mal flutschte der nicht einmal besonders scharf geschossene Ball ins Tor. Stand der Riese Brasilien nur auf tönernen Füßen?

Ringsum spürte man, daß Mittelfeld und Abwehr der Brasilianer zu vermeiden suchten, ihrem Torhüter Probleme aufzubürden. Sie spürten die eigene Schwachstelle. Vielleicht hat Tele Santana an seinen gesperrten Cerezo gedacht. Der sogenannte „weiße Pelé", Zico, kam gegen den überragenden Bessonow nicht zum Zuge, der lange Socrates fabrizierte Fehlpaß um Fehlpaß, und Serginho wollte wohl einen neuen Weltrekord im Auslassen hundertprozentiger Chancen aufstellen. Manchmal hätte Serginho den Ball nur anzutippen brauchen! Er brachte es nicht zuwege. Zur Halbzeit stand es noch immer 0:1 gegen den Favoriten.

Es lag was in der Luft. Der Schiedsrichter, Señor Augusto Lamo Castillo aus Spanien, hatte die Atmosphäre nach knapp einer Viertelstunde ohnehin schon mit einer merkwürdigen Entscheidung aufgeheizt. Luizinho ließ den Tiflis-Stürmer Schengelija im Strafraum über sein Knie rutschen. In 99 von 100 Fällen: ein sonnenklarer

Elfmeter. Nicht für den spanischen Referee! Ob die Brasilianer bei solch früher Führung und dem eine Viertelstunde später folgenden Torhüter-Patzer eher aufgewacht wären? Die Antwort kennt nur der Wind.

Dieser Schiedsrichter brachte die Russen noch mehr in Rage. Sie ließen es, diszipliniert, wie sie aufgewachsen und erzogen sind, niemanden spüren. Wäre das umgekehrt einem südamerikanischen Team passiert... Aber es passierte – zum Glück – ja auf der anderen Seite.

Nach gut einer Stunde begannen die Zuschauer im Stadion und Millionen an den Bildschirmen zu ahnen, weshalb Brasilien mit einem solchen Maß an Vorschußlorbeeren bedacht worden war. Die Mannen im leuchtenden Blau-Gelb entfachten ein Powerplay, fingen die UdSSR-Vorstöße meist schon vor der Mittellinie ab, drangen Meter um Meter weiter in die sowjetische Spielhälfte vor, schlossen beinahe einen eisernen Ring um das UdSSR-Tor.

Dennoch – ein Tor blieb den Südamerikanern fürs erste versagt. Die sowjetische Abwehrkette stand wie ein Fels. Doch allmählich wurde spürbar, wie die Kräfte von Minute zu Minute mehr zu schwinden begannen. Aus der fast erdrückenden Überlegenheit heraus fiel dann endlich das 1:1. Socrates schoß, wie man es kaum je von ihm erlebt hatte! In rund 30 Metern Entfernung traf er den Ball volley, und das Leder sauste mit rasender Fahrt ins Netz. Torwart Dassajew von Spartak Moskau, dem schlanken, biegsamen und reaktionsflinken Mann, blieb keine Chance mehr.

Brasilien stürmte, stürmte! Das zweite Tor wurde zur Zeitfrage. Ein fast aus Verzweiflung, aber geschickt vorgetragener Konter der Russen . . . Schengelija überwand den erneut unsicher wirkenden Perez – und die Russen brachen in Torjubel aus, der aber schnell endete, denn Señor Castillo hatte auf Wink seines Linienrichters „Abseits“ gepfiffen.

Die Minuten verrannen – scheinbar für die Russen. Zwei Minuten vor Schluß aber wagte Eder, der bis zu dieser Sekunde wohl ein halbes Dutzend Fehlschüsse probiert hatte, einen knallharten Schuß ins Netz. Der Ball kam so schnell, so überraschend, daß Torhüter Dassajew nicht einmal einen Abwehrreflex versuchte.

2:1 – das war der schwerste Sieg des Favoriten. Und Schiedsrichter Castillo hatte seiner zweifelhaften Leistung noch mit einem Zusatz den Gipfelpunkt aufgesetzt – sechs Minuten vor der Entscheidung hatte Junior einen hohen Ball bei einem Duell mit Bal mit der Hand berührt. Señor Castillo aber tat, als habe er nichts gesehen!

Selbst der sonst eher zurückhaltende DFB-Trainer Dietrich Weise kommentierte: „Wer böse denkt, könnte meinen, die Linienrichter hätten etwas gegen die UdSSR-Elf gehabt. Aber die Russen haben deutlich gemacht, daß ihre Erfolgsserie bis zum heutigen Spiel nicht von ungefähr gekommen ist!“

Brasiliens Coach Santana fiel ein Stein vom Herzen: „Das unnötige 0:1 verstärkte die Nervosität meiner Mannschaft. Erst unser stärkeres Sturmspiel brachte den Ausschlag.“

Eine kleine Aufregung gab’s, als UdSSR-Coach Beskow nicht zur Pressekonferenz erschien. Verärgerung? Verzögerung? Nichts dergleichen! Man hatte einfach vergessen, Gospodin Beskow zu diesem Pressetalk abzuholen.

Einen Verlierer gab es auch bei den Brasilianern: Dirceu, schon 1974 in Deutschland bei der Weltmeisterschaft dabei, wurde von Trainer Santana nach der Pause in der Kabine gelassen. Seine Leistung hatte nicht den Erwartungen entsprochen – und hinter der nominierten Mannschaft standen viele „hungrige" Reservisten. Isidoro gehörte zu ihnen. Er packte seine Chance beim Schopf. *Wolfgang Rothenburger*

Schottland – Neuseeland 5:2 (3:0)

Schottlands Team hatte kaum Zeit, sich auf die Weltmeisterschaft einzuspielen wie die Brasilianer oder die Russen. Nur vier Länderspiele nach der WM-Qualifikation mußten reichen, das richtige Team zu finden und zu formen. Die Schotten kämpften gegen einen unsichtbaren Gegner: Viermal standen sie schon in einer WM-Endrunde, viermal schieden sie nach der ersten Runde aus. 1974 in Deutschland hatte es keine Niederlage gegeben – und doch die frühzeitige Heimreise. Das schlechtere Torverhältnis war schuld daran. Sie konnten nicht ahnen, daß ihnen auch 1982 das Schicksal einen ähnlichen Streich spielen würde.

Schottlands Nationalteam – das war und ist immer eine Mannschaft, deren beste Spieler ihr Geld im benachbarten England verdienen: Dalglish und Souness bei Liverpool, Robertson bei Nottingham, der superteure Archibald bei Tottenham und Joe Jordan gar in Italien beim AC Mailand. Einen Titel „führten“ die Schotten bereits, ehe sie aus Glasgow abflogen: Die WHO, die Welt-Gesundheitsorganisation, hatte Schottlands Nationalteam als das beispielhafteste Nichtraucher-Team der Welt gelobt. Für diesen Ruhm kassierten die als sparsam bekannten „Nord-Briten“ 8000 Mark pro Spieler.

Zumeist sagte man den Schotten nach, ihre Leistungen im Verein und jene im Nationalteam seien zwei Paar Schuhe. Was man sogar verstehen kann, denn Klubs bezahlen eben besser ... Neuseeland, der erste Gegner

Neuseeland war der krasse Außenseiter in der Gruppe 6; gleich gegen Schottland mußte es sich 2:5 geschlagen geben (hier das 2:0 durch den Schotten Wark).

Schottlands, war ein Nobody, ein Niemand. In Neuseeland ist Fußball nicht der Volkssport Nr. 1, sondern steht in der Publikumsgunst bestenfalls an dritter Stelle hinter Rugby und Hockey. Die Mannschaft war froh, daß es – durch Straßensammlungen mit der Sammelbüchse – möglich geworden war, die Flugkarten ins entfernte Europa kaufen zu können.

Die großen Namen der Mannschaft des Inselstaates entstammen England. Zwölf Vereine gibt es nur in der ersten Liga, international gesehen bestenfalls Mittelklasse. Deshalb sah Trainer Adshead bereits einen Erfolg darin, wenn es seinen Spielern gelänge, in einem der drei Spiele der ersten Runde wenigstens einen einzigen Treffer zu erzielen.

Dieser Traum erfüllte sich bereits in ihrem ersten Spiel. Die Schotten dachten sicherlich schon eher an die darauffolgende Aufgabe Brasilien und spielten so, daß es durch Dalglish und Wark 2:0 und nach einer guten halben Stunde schon 3:0 stand. Der Unterschied zwischen Profi und Amateur ließ sich an Spiel und Winkelzügen ablesen.

Den Gedanken, daß ein Spiel zweimal 45 Minuten dauert, hatten die Schotten offenbar in der Kabine gelassen. Wie Blitze aus heiterem Himmel trafen die Tore von Sumner und Wooddin die schottische Abwehr. 3:2! Trainer Jock Stein stöhnte verzweifelt: „Sich selbst die größten Schwierigkeiten zu bereiten, darin sind meine Mannen wohl die Allergrößten!“

Stein hatte in diesem Spiel seinen Stürmerstar Archibald eigentlich gar nicht einsetzen wollen. Der blonde Millionenstar war kaum im Spiel, da fiel das erste Tor der Neuseeländer. Als die Schotten die drohende Ge-

Erwin Vandenbergh, der belgische Stürmerstar, wird von den Abwehrspielern El Salvadors hart bedrängt, links van Moer.

Nur knapp verfehlt dieser Ball von Walter Schachner das Tor. Das 2:2-Unentschieden gegen Nordirland bedeutete für Österreich das „Aus“ in der Halbfinalrunde.

Die große Überraschung: Italien wirft Argentinien aus dem Rennen (oben). Negativer Höhepunkt des Spiels gegen Brasilien: Superstar Maradona erhält nach einem Foul die rote Karte.

Deutschland – Chile bereitete wieder Freude. Kaum auf dem Platz, erzielte Reinders das 4:0 (oben), und der Gegentreffer durch Moscoso war nur ein kleiner Schönheitsfehler.

Die deutsche Mannschaft bot bei ihrer 1:2-Niederlage gegen Algerien eine klägliche Leistung; unten das Tor zum 1:0 durch einen Heber des Algeriers Madjer.

Frankreich – Österreich 1:0. Daß die Niederlage so knapp ausfiel, hatten die Österreicher ihrem exzellenten Torhüter Koncilia zu verdanken, der hier einen Schuß von Soler pariert.

Der 1:0-Sieg der Sowjetunion über Belgien war mehr als schmeichelhaft, der Geheimfavorit vieler Fachleute enttäuschte. Zweikampf Meeuws gegen Blochin.

Packende Torraumszenen: Oben wird der chilenische Torhüter hart von einem algerischen Stürmer angegangen, unten klärt Österreichs Torhüter Friedl Koncilia und läßt den Franzosen Soler „fliegen".

fahr erkannten, legten sie sofort einen höheren Gang ein. Robertson und Archibald sorgten dann für ein doch noch „standesgemäßes" 5:2-Resultat.

„Gegen Brasilien wird eine andere Mannschaft spielen!" wetterte Stein hinterher. Ganz so arg wurde es dann aber doch nicht.

Brasilien – Schottland 4:1 (1:1)

Evans, Dalglish und Brazil verschwanden zunächst aus dem Schotten-Team. Aber Dalglish bekam nach 65 Minuten auch gegen die Brasilianer seine Chance.

In Sevilla drehte Brasilien nach einer Stunde den Hahn zu, und wiederum, wie schon gegen die UdSSR, mußten die Südamerikaner erst wachgerüttelt werden. Abermals machte Torwart Perez beim ersten Tor keine glückliche Figur.

„Ich habe keinen besseren, und so muß ich ihm weiterhin vertrauen", sagte Brasiliens Coach Santana nur.

Wieder spürten die Brasilianer die Gefahr erst, als schon eine kleine gegnerische Flamme brannte – durch ein Tor des weit aufgerückten schottischen Verteidigers Narey. Doch in diesem schon vorentscheidenden Spiel traten die Mannen um Zico den schwelenden Brand schon früher aus. Das 1:1 war fast ein Jahrhundert-Tor! Zico zirkelte einen Freistoß über die dicht gestaffelte schottische Abwehr hinweg ins äußerste obere Toreck. Kaum ein Blatt Papier hätte da noch zwischen Ball und Pfosten hineingepaßt. Ein Billardkünstler kann seiner weißen Kugel keinen raffinierteren Effet geben.

Was die Brasilianer dann zeigten, war Fußball und Vollendung in der Schönheit des Jahres 1982. Die Tore, sämtlich wert, in allen Fotoarchiven festgehalten zu werden, waren eines schöner herausgespielt und vollendeter als das andere. Oscar, Eder nach einer raffinierten Socrates-Täuschung (er tat als spaziere er an einer Flanke vorbei) und Falcao drückten die Überlegenheit auch in der richtigen Anzahl von Toren aus.

Nach der 1:4-Niederlage sprudelten selbst dem Verlierer-Coach die Worte wie von selbst von den Lippen: „Eine solche Mannschaft hat es in allen bisherigen Spielen dieser Weltmeisterschaft nicht gegeben."

Brasiliens Erfolgsgeheimnis: Zunächst scheinbar nur für eine Dauer von 50 Minuten produktionsfähig dabei, den Ball so lange zu spielen, bis einer eine einschußbereite Position erreicht hat. Fast auf leisen Sohlen, unerkennbar für den Gegner, öffnen sie die Gassen für den Torschützen, der oft – Sekunden vorher – noch gar nicht auszumachen ist, weil er von irgendwo aus dem Hintergrund herbeigeeilt kommt.

Gegenüber den grazilen Südamerikanern, die den Gegner oft mit einer einzigen Körpertäuschung ins Leere laufen ließen, wirkten die Schotten wie hölzerne Puppen – machtlos dem Spielrhythmus des Gegners ausgeliefert.

Die Brasilianer haben den Fußball im Blut, wie die Menschen ihres Vaterlandes den Samba-Rhythmus in allen Gliedern haben. Samba ja – Macumba nein. Einen Medizinmann wie in den 50er Jahren brauchte diese

„Trompetenengel" Kenny Dalglish bleibt in dieser Szene zwar Sieger, doch gewinnen die Brasilianer überlegen 4:1 gegen die Schotten – Traumfußball!

Mannschaft nicht mehr. Den faszinierenden Zauber verbreitete sie selbst.

Die Schotten zeigten sich als faire Verlierer, und sogar die gefürchteten Fans von der Insel hatte der Zauberbann erfaßt. Sie feierten nach dem Spiel in Sevilla so lustig, so ausgelassen mit, wie die vielen Schlachtenbummler, die aus dem fernen Rio nach Spanien gereist waren. 5000 Brasilianer luden die Schotten zu den Samba-Rhythmen einer Band zum Tanz. Und so entstand einer der heitersten Fan-Festivals, das die Fußball-Geschichte je erlebt hat.

Auch die schottischen Spieler zollten ihre Anerkennung. Sie streiften sich – ohne Blick zurück im Zorn – die Trikots der brasilianischen Konkurrenten über. Die Frage, wer wohl das berühmte Trikot mit der Nr. 10 erwischt hatte, ließ sich nicht mehr beantworten.

Diese 10 besitzt stolze brasilianische Tradition. Pelé-Jerseys mit dieser Nummer sind heute noch Verkaufshits. Die neue Nummer 10, Zico, möchte jedoch nicht mit Pelé verglichen werden. Nicht etwa, weil er weiße statt dunkle Haut hat, sondern weil er der Meinung ist, Pelé bleibe auf seine Art einmalig und unkopierbar. In seiner Spielart und seinem Auftreten wirkt Zico ganz anders. Dennoch! Trotz aller Unterschiedlichkeit erinnert er an den Pelé von einst – und nicht nur wegen der erwähnten Nummer 10.

Eigentlich heißt Zico ja Artur Antunes Coimbra, so wie Pelé mit bürgerlichem Namen Edson Arantes do Nascimento genannt wird. Daß Tele Santana den brasilianischen Star das Trikot mit der Nummer 10 überhaupt anlegen ließ, war eine großzügige Geste und eine Anerkennung für den 29jährigen, der 1978 in keiner

Weise den Erwartungen entsprechen konnte. Lange Zeit ventilierte man in Brasilien den Gedanken, das Trikot mit der „10“ einzufrieren.

Zicos brillanter Freistoß zum 1:1 gegen die Schotten schloß sich nur einer Reihe ähnlicher Modelltreffer an. So zeichnete der Vater zweier Söhne beim Weltpokal-Finale 1981 gegen den FC Liverpool beim 3:0 für alle drei Tore verantwortlich. Wie Pelé (der Vergleich drängt sich dennoch auf) besitzt Zico Feingefühl für den richtigen Moment des richtigen Doppelpasses.

UdSSR – Neuseeland 3:0 (1:0)

Die UdSSR-Mannschaft ließ sich nicht allzulange von den trüben Gedanken des 1:2 gegen Brasilien bedrängen. Bereits das nächste Spiel wurde zum Schlüsselspiel. Neuseeland, ohnehin nur als Außenseiter angesehen, wehrte sich, wie sich eine Mannschaft wehrt, die zumindest um ihren guten Ruf besorgt ist und beweisen will, daß sie nicht ganz zu Unrecht zu den 24 Endrunden-Teilnehmern zählt. Allerdings waren die Russen hinreichend gewarnt durch den heftigen Widerstand, den Neuseeland, der nächste Gegner, den Schotten entgegengesetzt hatte.

15000 Zuschauer sahen in Malaga eine durchweg überlegene UdSSR-Elf, in der Linksaußen Blochin spielbestimmend und spielbeherrschend wirkte.

So ganz ohne Chance aber waren auch die Neuseeländer nicht! Cresswell hätte, noch ehe in der 25. Minute das 1:0 für die UdSSR durch Gawrilow fiel, das Führungstor schon erzielen können. Aber auch bei zwei weiteren kritischen Situationen bewies Torwart Dassajew, daß er vielleicht doch in die großen Fußspuren seines überragenden Vorgängers Lew Jaschin hineinzuwachsen vermag. Blochin und Baltacha vollendeten das 3:0-Ergebnis.

Die Neuseeländer waren nicht traurig. Ihr Versprechen, wenigstens ein Tor zu schießen, hatten sie ja im Spiel gegen Schottland – sogar mit zwei Treffern – bereits eingelöst.

Gegen Schottland hatten sie sich noch tüchtig gewehrt, gegen die UdSSR fehlte die Kraft: Schengelija umspielt den neuseeländischen Torhüter van Hattum und Steve Sumer.

UdSSR – Schottland 2:2 (0:1)

Manchmal sind es Kleinigkeiten, die über große Dinge entscheiden. Die zwei Tore, welche Schottland gegen die Brasilianer mehr kassiert hatte, brachten die Sowjetrussen in die günstigere Ausgangsposition. Ihnen genügte ein Remis, die Schotten aber mußten gewinnen. Daß beide 2:2 Punkte aufwiesen, gereichte den Russen nur zum Vorteil. Also war vorgezeichnet, was passieren mußte: Schottland spielte in Malaga um alles – oder nichts.

Nach nur einer Viertelstunde legte Libero Schiwadse den Ball dem schottischen Stürmer Archibald so in den Lauf, daß es für diesen fast eine Kleinigkeit war, den Ball an den noch besser postierten Jordan weiterzuleiten. Allein gegen Jordan hatte auch Dassajew keine Abwehrmöglichkeit.

Vielleicht war das 1:0 für Schottland zu früh gefallen. Vielleicht unterschätzten die Schotten ihren Gegner, vielleicht dachten sie daran, daß die UdSSR-Mannschaft das weitaus schwerere Spiel in den Knochen hatte und in den letzten Minuten des Brasilien-Duells „stehend k. o." gewesen war. Der Druck, den der quirlige Strachan anfangs machte, der geschickte Souness, die gefährlichen Spieler Jordan und Archibald – alles schien zu passen. Schwerfällig versuchte sich die sowjetische Abwehr auf das Tempo der Schotten einzustellen. Doch ihr schläfriges Spiel schien sich allmählich eher auf den Gegner zu übertragen . . .

Die Schotten versäumten, das zweite Tor zu erzielen. Allen war klar, daß ein 2:0 die frühzeitige Entscheidung bedeutet hätte. Das Tor fiel nicht, aber es sah zunächst auch nicht danach aus, als könnten sich die Russen noch aufbäumen ... Urplötzlich jedoch brannte ein wildes Feuer. Libero Schiwadse spürte die vorwurfsvollen Blikke seiner Teamkollegen. Dieser dumme Fehler zum 0:1 – sollte er das Aus für die Russen bedeuten?

Schiwadse ließ Libero Libero sein, stürmte in der 60. Minute weit mit nach vorn, sah, daß Gawrilow einen mächtigen Schuß abfeuerte, und lief dorthin, wohin Torwart Rough den Ball nur abgeklatscht hatte. Gähnend leer bot sich das schottische Tor dar. Da wußte Schiwadse, daß er seinen Patzer wiedergutmachen konnte. Schuß – Tor – und ein Mann, der die dunkeln Wolken verscheucht hatte.

Die Schotten fielen aus allen Wolken. Jetzt mußten sie wieder zum Zuge kommen, die eigene Abwehr entblößen. Schengelija, sonst quirlig, gefährlich, bis dahin aber fast ein Totalausfall, nutzte einen verhängnisvollen Fehler der schottischen Abwehr aus. Zwei Briten standen sich gegenseitig im Wege, liefen sich im Übereifer fast über den Haufen – und der flinke Flitzer, der am Neujahrsmorgen des Jahres 1957 das Licht der Welt erblickt hatte, behielt Ruhe und Überblick, schien sogar noch Spaß daran zu haben, den schottischen Keeper Rough auszutricksen.

2:1 – die UdSSR hatte den zweiten Gruppenplatz erreicht. Noch mitten im Jubel und ohne Blick für die unmittelbar danach folgende Situation wurden die Russen überrascht und überrumpelt: 2:2! Und man hatte nur noch 180 Sekunden ... Also alle Kraft voraus, alle Mann voran – es war zu spät für die Schotten.

1974 in Deutschland waren sie in der ersten Runde bei 4:2 Punkten um ein winziges Tor hinter Brasilien auf

Im Spiel UdSSR – Schottland ging es um Alles oder Nichts. Das 2:2 war für die Schotten wiederum das „Aus“ in der 1. WM-Runde. Angst herrschte nicht nur bei diesem Freistoß durch Blochin.

den die Abreise bedeutenden dritten Platz zurückgefallen. 1982 fehlten ihnen nur zwei Tore – bei Punktgleichheit – zum Weiterkommen. Abermals war für sie die Weltmeisterschaft in der ersten Runde beendet.

Joe Jordan, zum dritten Mal bei einer Weltmeisterschaft dabei, war zum dritten Mal ohne Glück geblieben und in seinem wahrscheinlich letzten WM-Auftritt noch ausgewechselt worden. 19 Minuten vor dem Abpfiff kam der Mann ins Spiel, der bis dahin auch keine Bäume ausgerissen hatte: Brazil. Mit ihm hatte Stein auch noch McGrain aufs Feld geschickt. Aber wenn ein Spiel nicht mehr läuft, können es auch läuferisch starke Spieler nicht mehr auf neue Touren bringen.

Der letzte WM-Schütze, Souness, reiste dennoch mit einem besonderen Erlebnis zurück: Im Spiel gegen Neuseeland hatte er Bobby Almond wiedergesehen. Bis 1969 hatten beide in einer Mannschaft der englischen Liga gespielt: Tottenham Hotspurs. Almond wanderte 1973 auf das ferne Inselparadies aus, Souness blieb in der Heimat und spielt heute beim FC Liverpool.

Mit freudigen Mienen verschwanden die Russen in den Katakomben, allen voran Oleg Blochin, Europas Fußballspieler des Jahres 1975, der sich allerdings erst einmal hinsetzen mußte, als er erfuhr, daß sein Name in den WM-Tagen auf dem deutschen Bundesliga-Markt „gehandelt" wurde. Damit auch gleich ein konkreter Name in die Diskussion gebracht wurde: Bayer Leverkusen sollte der Blochin-Klub der Zukunft sein – eine süße Pille, die der 29jährige Linksaußen hinunterzuschlucken hatte.

Brasilien – Neuseeland 4:0 (2:0)

Nur bodenloser Leichtsinn hätte Brasilien gegen Neuseeland in Gefahr bringen können. Nach dem 2:2 zwischen Schottland und der UdSSR wußten die Südamerikaner bereits, daß sie Gruppenerster waren, daß ihnen in der nächsten Runde mit Titelverteidiger Argentinien der schwerste aller Brocken in den Weg gelegt wurde und daß es nur darum ging, Kräfte zu schonen. So blitzte im Spiel gegen Neuseeland nur phasenweise auf, was

Die „Ladehemmung" von Serginho ist beendet, er schießt das 4:0 der Brasilianer gegen Neuseeland; unbesiegt gehen die Südamerikaner in die 2. Runde, ihre neuen Gegner sind Argentinien und Italien . . .

die Südamerikaner wirklich können. Alle Spieler des Tele Santana dachten schon über dieses Match hinaus.

Wer erwartet hatte, die Brasilianer würden gnadenlos auf Torjagd gehen, hatte sich zuviel versprochen. Selbst Neuseelands Coach Adshead hatte zehn Gegentore befürchtet. Dennoch waren die zwei Treffer von Zico sehenswert. Endlich hatte er seine „Ladehemmung" überwunden. Besondere Freude empfanden die Spieler darüber, daß nach dem 3:0 durch Falcao endlich auch Serginho ins gegnerische Tor traf.

Manchmal genügt ein kleiner Funken, um die Glut zu

entfachen. Vielleicht war es Serginhos Tor in diesem letzten Gruppenspiel, dessen 4:0-Ergebnis im Grunde genommen nur statistischen Wert erhielt. Man hatte den Eindruck gewonnen, daß die Brasilianer die Trümpfe ihres Spieles weggesteckt hatten.

„Ich hatte eigentlich auch mehr Schwung und mehr Treffer erwartet", sagte Tele Santana. „Doch wollten meine Mannen gegen den erstaunlich kampfstarken und unbekümmerten Gegner nur das Notwendigste tun, Verletzungen vermeiden und Kräfte sparen."

Auf den Rängen aber feierten brasilianische Besucher „Karneval von Rio". Eine Bord-Band des Marine-Schulschiffs „Custudio de Mello" sorgte außerhalb des Spielfeldes für jene Stimmung, die sich auf dem Rasen des Stadions Benito Villamarin von Sevilla in diesem Schlußspiel der Gruppe 6 nicht mehr auszubreiten vermochte. Ein riesiger Papierdrachen schwebte wie ein Ungeheuer über der Arena – während der ganzen 2. Halbzeit. Er zog manche Zuschauer mehr in den Bann als das Spiel. Nur einer konnte an diesem Tage mit der Extra-Attraktion ein wenig mithalten: Zico, der Wundermann. Er schoß zwei Tore, und die beiden weiteren bereitete er mit Mustervorlagen vor, wie in diesem Team nur er sie geben kann. Zico – doch der neue Pelé?

Abschlußtabelle Gruppe 6

1. Brasilien	3	3	0	0	10:2	6:0
2. UdSSR	3	1	1	1	6:4	3:3
3. Schottland	3	1	1	1	8:8	3:3
4. Neuseeland	3	0	0	3	2:12	0:6

Karl-Heinz Rummenigge über die 1. Finalrunde:

Der Abschied von Gijon fiel uns nicht schwer. Erstens deshalb, weil wir den Spielen der 2. Finalrunde entgegenfieberten, zweitens weil wir nach vierzehn Tagen dringend einen „Tapetenwechsel" brauchten. Die Menschen in Gijon waren, sieht man von den Tumulten nach dem Österreich-Spiel ab, sehr nett zu uns. Auch das Hotel „Principe de Asturias" war in Ordnung. Doch die Zeit in Gijon stand alles in allem unter keinem glücklichen Stern. Das verpatzte Algerien-Spiel hatte mir die schlimmsten Tage meiner Karriere beschert. Erst nach dem 4:1 gegen Chile legte sich die Nervosität etwas. Doch der unglückselige Abschluß, das im Pfeifkonzert untergangene 1:0 gegen Österreich und das nachfolgende Tohuwabohu, machten uns den Abschied leicht.

Jupp Derwalls berühmte „Führungsart der langen Leine", der antiautoritäre, liberale Führungsstil des Bundestrainers, hat allen viele Freiheiten gelassen. Der berüchtigte „Lagerkoller" konnte gar nicht aufkommen. Wir durften außerhalb des Trainings (fast) alles tun oder lassen, was wir wollten. Ungewohnt war für mich allerdings, daß ich nie und nirgendwo außerhalb des Hotels allein sein konnte. Sobald ich einen Schritt vor die Tür machte, wichen mir die zwei Bodyguards Franzisco und Gonzales nicht mehr von der Seite. Auf die gleiche Art wurde Argentiniens Superstar Diego Armando Maradona abgeschirmt. Die Sicherheitsvorkehrungen der Spanier, die vor allem die Entführung eines WM-Stars befürchteten, waren wirklich umfassend. Obwohl Franzisco und Gonzales zwei nette, lustige Burschen waren – ein komisches Gefühl ist's doch, ständig von zwei „Schatten" begleitet zu sein.

Mareo, das Trainingscamp des örtlichen Erstligisten Sporting Gijon, war für uns ein bißchen beklemmend. Ursprünglich sollten wir jeweils einen Tag vor unseren Spielen nach Mareo hinauffahren und dort übernachten. Nach dem Algerien-Spiel stellten wir das aber ein. Es ging gar zu spartanisch zu, vor allem, weil die Zwischenwände der Zimmer aus hauchdünen, schallundichten Sperrholz- oder ähnlichen Platten gebaut waren. Jedes Hüsteln oder Schnarchen, jedes Aufdrehen eines Wasserhahnes weckte alle anderen. Ein Schlafsaal für alle hätte wohl die gleichen Dienste erwiesen.

Abergläubisch sind wir Fußballspieler auch. Wir reisten zwar ohne Kamel und ohne gallischen Hahn als Maskottchen an, aber gewisse „Vorzeichen" wurden beachtet. Vor dem Algerien-Spiel hatten wir hier geschlafen – und das war wirklich kein gutes Omen, das zur Wiederholung lockte. Es klingt albern, aber selbst routinierte, abgeklärte Profis im Fußball glauben an solche Dinge.

Im Hotel in Gijon dagegen waren wir gut untergebracht. Vor der Endrunde hatte ich in der Presse gelesen, wie laut und turbulent es hier auf der Straße und Strandpromenade zuginge. So schlimm war es bei weitem nicht. Ein einziges Mal wurde ich nachts wach, als algerische Schlachtenbummler früh um vier auf die Idee kamen, uns ein geräuschvolles Ständchen zu bringen. Sonst aber machten wir in Gijon gute Erfahrungen mit Fans; sie waren verständig und unaufdringlich.

Beim Betrachten der neuen Einteilung der vier Gruppen in Runde 2 konnte man zunächst den Anschein haben, alles habe den gewohnten Verlauf genommen. Zehn Mannschaften der letzten zwölf kamen aus Europa, zwei aus Südamerika: Argentinien und Brasilien. Der erste Blick trog. Obwohl die sogenannten „Exoten“ auf der Strecke blieben, muß ich sagen, daß sie mich allesamt ungemein überraschten – im positiven Sinne gemeint. Vor allem Algerien! Unsere Nationalmannschaft wird lange nicht vergessen, wieviel Mühe und Sorgen uns Belloumi, Assad und ihre Kameraden bereiteten. Und die Honduraner zeigten einen ausgesprochen guten Fußball. Es tut mir ehrlich leid, als ich im Fernsehen Bilder der am Boden zerstörten, teilweise sogar weinenden Spieler aus Honduras sah, als ihr „Aus“ feststand. Es muß besonders weh tun, wenn man nach einer so guten Leistung die Heimreise anzutreten hat. Von „Kanonenfutter“, von dritt- oder viertklassigen Gegnern, wie diese Mannschaften vor Turnierbeginn teilweise bezeichnet wurden, war keine Rede. Wie knapp haben Algerien, Honduras und Kamerun die Qualifikation für die 2. Runde verpaßt – Hut ab!

Aber gerade bei einem strapziösen, nervenaufreibenden WM-Turnier spielen viele Unabwägbarkeiten eine Rolle. Daß (und unter welchen Umständen) beispielsweise die Jugoslawen nach Hause fahren mußten! Für mich waren sie eindeutig die beste Mannschaft der Gruppe 5, und ein solches Team scheidet durch die Fehlleistung eines Schiedsrichters aus! Ich habe die fragliche Passage des Spiels Spanien–Jugoslawien mehrmals im Fernsehen angeschaut, als der Referee für ein Foul vor dem Strafraum (das höchstens einen Freistoß „wert“ gewesen war) Elfmeter gab, und bin immer wieder zum selben Resultat gekommen: ein Fehlurteil. Aber Schiedsrichter-Entscheidungen sind Tatsachen-Entscheidungen. So blieben die Spanier trotz ihrer wenig überzeugenden Darbietungen gegen Nordirland und Honduras im eigenen Lande weiter eine Macht. Sie erinnerten mich manchmal an unsere ei-

gene Nationalelf bei der WM 74: hoch eingeschätzt, bedrückt von der Last der Erwartungen, ein Start mit Hängen und Würgen – und doch eine Größe, mit der man rechnen mußte. Dagegen überzeugten mich die Engländer. Die Erfolge der englischen Klubmannschaften in den Europapokal-Wettbewerben der letzten Jahre haben den Aufschwung schon angedeutet. Der FC Bayern kann nach seinem Ausscheiden gegen Liverpool im letzten Jahr und gegen Aston Villa im Landesmeister-Endspiel 1982 ein Lied von ihrer Klasse singen! Mir imponierte der technisch und taktisch hervorragende Fußball dieser Nationalmannschaft bei ihrem WM-Auftritt in Spanien. Den schönsten Fußball aber, und das gilt trotz der überzeugenden Darbietung der Argentinier beim 4:1 gegen Ungarn, haben die Brasilianer gezeigt – gegen die UdSSR, gegen Schottland und gegen Neuseeland. Sogar ich als Professional und routinierter Fußballspieler kam beim Fernsehen im Hotel dabei ins Schwärmen. Wie deutlich machen sich bei anderen Mannschaften Druck und Hektik bemerkbar, wenn ein Spiel nicht so gut läuft. Wie oft wird dann der Erfolg mit der Brechstange gesucht, statt mit spielerischen Mitteln. Imponierend, wie die Brasilianer das schockierende 0:1 im Spiel gegen die UdSSR wegsteckten! Brasilien ist eben nicht ein „Ein-Mann-Team" wie Argentinien, wo an Diego Maradona und seiner Tagesform so viel hängt, sondern eine Mannschaft mit exzellenten Einzelkönnern, in der Zico zwar viel, aber eben nicht alles ausmacht. So kann man ein Spiel mit souveränen Mitteln aus dem Feuer reißen! Das macht ihnen so leicht keine andere Mannschaft nach. Zur Zeit kann man, so glaube ich urteilen zu können, Fußball einfach nicht schöner, überzeugender und besser spielen.

2. Finalrunde

GRUPPE A

Polen – Belgien 3:0 (2:0)

Die Zwischenrunde in Barcelona begann mit einem ganz großen Knall. Nach ihrem 1:0 zum Auftakt gegen Weltmeister Argentinien wurden die Belgier als große Favoriten gehandelt. Ihr Trainer Guy Thys hatte nach dem Gruppensieg vor den Argentiniern geprahlt: „Jetzt wollen wir bis in das Halbfinale vorstoßen!“ Aber zwei Wochen nach diesem Triumph war von der im ersten der insgesamt 52 Weltmeisterschaftsspiele so kompakten Einheit der Belgier nichts mehr zu sehen.

Die Polen düpierten den Vize-Europameister: Ihr Mittelstürmer Zbigniew Boniek schlug sie beinahe allein. „Boniek – Belgien 3:0“ hieß es denn auch am nächsten Morgen in Spaniens Zeitungen. Im Nou-Camp-Stadion des CF Barcelona hatte es im 2. Spiel dieser Weltmeisterschaft in der Riesenarena (deren Fassungsvermögen von der Baupolizei kurz vor dem Turnier nach genauen Untersuchungen von angenommenen 120000 Zuschauerplätzen auf 97679 reduziert worden war) die zweite Sensation gegeben.

Guy Thys hatte es nach dem Theater um Jean-Marie Pfaff, der sich den Unmut nicht nur seiner Kameraden Verheyen und Mommens zuzog, und der schweren Gehirnerschütterung des inzwischen nach Hause geflogenen Kapitäns und Verteidigers Eric Gerets mit dem Spanien-Legionär Theo Custers von Español Barcelona im Tor und dem 37jährigen Senior Wilfried van Moer im Mittelfeld versucht. Beides erwies sich als falsch. Van Moer, den sie den „Asterix“ nennen und der in Hasselt ein Bistro mit dem beziehungsreichen Namen „Wembley“ besitzt, mußte zur Pause ausgetauscht werden: Er war die ersten 45 Minuten im Spiel nicht zu sehen! Ersatztorwart Custers machte bei einigen Aktionen der Polen und teilweise auch bei den Treffern von Boniek in der 4., 27. und 53. Minute nicht unbedingt eine gute Figur.

Warum war Pfaff in Ungnade gefallen?

„Er hat ein Gemüt wie ein zehnjähriges Kind“, erklärten belgische Journalisten schon zu Beginn der Weltmeisterschaft, als sie nach den Chancen des Keepers in der Bundesliga und bei Bayern München gefragt worden waren. Seinen Eskapaden (beinahe wäre er in Elche bei einem Gerangel im Swimmingpool ertrunken!) setzte Pfaff die Krone auf, als er Verheyen und Mommens bei den spanischen Sicherheitsbeamten verpfiff. Die beiden hatten im Mannschaftsquartier die angereisten Frauen mit auf ihre Zimmer genommen. Pfaff sprach darüber, die Polizisten erschienen und holten sie wieder heraus.

Nicht viel hätte gefehlt, und Pfaff wäre von Verheyen verprügelt worden. Sicherlich war dieser Ärger mit seinen Kameraden auch ein Grund dafür, daß der Torwart seine Schulterverletzung vom Zusammenprall mit Gerets aus dem Spiel gegen Ungarn schlimmer darstellte, als sie tatsächlich war. Er mochte nicht mehr dabeisein.

Neben dem dreifachen Torschützen Boniek war der Pole Lato in seinem 100. Länderspiel der große Star beim 3:0-Sieg über Belgien. Mit seinen großartigen Flankenläufen begeisterte er das Publikum.

Oder hatte Pfaff etwas von der belgischen Pleite gegen Polen geahnt? „Wir alle wurden von der polnischen Leistungsexplosion überrascht“, gab Libero Walter Meeuws zu. Er und Vorstopper Luc Millecamps hatten gegen Boniek kein Gegenmittel gefunden, keiner konnte den im vorderen rechten Mittelfeld überragenden Grzegorz Lato in dessen 100. Länderspiel ausschalten.

„Für mich war dieser Sieg das schönste Geschenk zu meinem Jubiläum“, strahlte Lato: „Jeder muß schließlich bei unseren Leistungssteigerungen hier in Spanien bedenken, daß wir wegen der Verhältnisse bei uns in Polen seit fast acht Monaten kein offizielles Länderspiel mehr bestreiten konnten.“ FIFA-Beobachter Dettmar Cramer, der neue Chefcoach von Bundesliga-Beinahe-absteiger Bayer Leverkusen, bestätigte es: „Tatsächlich haben die Polen in 60 Tagen nur 15 Testspiele bestritten; Länderspiele waren nicht dabei.“

Und dann diese Leistung gegen die Belgier, deren größte und beinahe einzige Chance der – wie alle seine Kollegen – in diesem Spiel enttäuschende Vandenbergh in der 69. Minute mit einem Schuß an die Latte vergab.

Auf der anderen Seite: Boniek und immer wieder Boniek, über dessen Stellung im polnischen Fußballsport eine Tatsache fast alles aussagt: Mit einer „Lex Boniek“ darf er bereits im Alter von 26 Jahren für eine Ablösesumme von vier Millionen Mark zu Juventus Turin! Der 20fache italienische Meister zahlt ihm pro Jahr – der Vertrag wurde auf drei Jahre befristet – 200 000 Dollar plus Prämien. Seit Monaten schon hatte Boniek in seiner Heimat italienisch gelernt, der Diplom-Sportlehrer konnte sich bereits bei der WM in Spanien mit Journalisten aus Turin und Mailand unterhalten. Nach dem

Nur selten riefen die Belgier Gefahr vor dem polnischen Tor herauf. Hier klärt Torhüter Mlynarczyk vor dem belgischen Spieler Czerniatynski.

Spiel äußerte er einen Wunsch: „Wie mein Freund Lato, der das 1974 in Deutschland geschafft hat, möchte ich Torschützenkönig dieser Weltmeisterschaft werden!"

Da hatte die UdSSR, nächster Gegner in einem auch politisch hochbrisanten Duell mit den Polen, ein gewichtiges Wort mitzusprechen ... *Claus Mittenzwei*

Belgien – UdSSR 0:1 (0:0)

Der Vergleich mit dem Spiel Deutschland – Österreich tauchte auf. Selbst Alexander Czerniatynski aus Antwerpen sprach nach dem 0:1 der Belgier gegen die Sowjetunion davon: „Natürlich sah das zeitweilig so aus, aber wir wollten mehr. Die Zuschauer haben doch alle gesehen, wie viele Chancen wir hatten!"

Den wieder nur rund 35000 Zuschauern im nicht einmal halb gefüllten Nou Camp reichte das nicht. In der 70. Minute animierten sie beide Mannschaften durch zuerst rhythmisches Klatschen, dann gellende Pfiffe zu mehr Aktionen. Die Sowjets jedoch ließen sich nicht aus der Ruhe bringen. An diesem schwülwarmen Abend in Barcelona wirkten sie sehr müde.

„Ich sehe die sowjetische Mannschaft heute zum dritten Mal bei diesem Turnier. Diesmal bin ich enttäuscht", reihte sich auch Hennes Weisweiler, der als Co-Moderator am ZDF-Mikrofon saß, in den Chor der Kritiker ein. In der Pause und nach dem Spiel wurde der ehemalige Trainer von Borussia Mönchengladbach, CF Barcelona, Cosmos New York und für die nächste Saison Grasshoppers Zürich von Reportern belagert, um in deutscher und spanischer Sprache seine Kommentare zu geben: „Für mich ist das Spiel der Russen unverständlich! Nach dem 3:0 der Polen gegen die Belgier müssen sie doch gewinnen und möglichst viele Tore machen..."

Darauf war die UdSSR-Mannschaft offenbar aber gar nicht aus. Die beinahe einzige Chance der 90 Minuten nutzte Oganesian in der 49. Minute mit einem Aufsetzer aus. Die Vorarbeit zu diesem 1:0 hatten der insgesamt enttäuschende und oft humpelnde Blochin und Gawrilow geleistet. Der Ball schien für Munaron, den dritten Torwart, den die Belgier bei diesem Turnier einsetzten, nicht unhaltbar zu sein. „Ein unverdienter Sieg“, wurde später von allen Experten festgestellt.

Belgiens Trainer Guy Thys klagte seine Stürmer an: „Sie brauchen viel zuviele Chancen für ihre Treffer. Sie sollten sich alle einmal ein Beispiel am Polen Boniek nehmen!“

Erwin Vandenbergh, Europas einst erfolgreichster Torschütze der Saison, Alexander Czerniatynski und Jan Ceulemans war das an diesem Abend egal. Sie wuß-

Vergeblich streckt sich der belgische Keeper Munaron nach dem Ball; Oganesian (nicht im Bild) hat für die UdSSR das goldene Tor geschossen; „Aus“ für Belgien.

ten, am nächsten Tag geht es nach Hause. Bereits zehn Stunden nach dem Abpfiff ging es vom Autobahn-Hotel Bellaterra, in dem die belgische Equipe vor dem Eröffnungsspiel und während der 2. Finalrunde wohnte, zum Flugplatz und sofort weiter nach Brüssel.

Pelé beispielsweise hatte von den Belgiern sehr viel erwartet. „Sie sind unter den europäischen Mannschaften mein Geheimtip“, hatte Brasiliens einstiger Ballzauberer Pelé kurz vor dem Turnier gesagt. „Die Belgier haben die Tugenden der Holländer. Sie sind hervorragende Athleten, kampfstark, selbstbewußt und verfügen über eine tolle Moral.“

Von all dem war nur beim 1:0 gegen den Weltmeister von 1978 sehr viel zu spüren. Von Spiel zu Spiel wurde es weniger, so daß Krol schließlich feststellte: „Das war eine Mannschaft für ein Spiel, nicht für ein so langes Turnier!“ Der Libero der Holland-Mannschaft, die zweimal Vizeweltmeister wurde (1974 in Deutschland, 1978 in Argentinien), der bei AS Neapel noch bis 1984 unter Vertrag steht, konnte sich ein solches Urteil erlauben. „Wir wußten vorher, daß die Belgier nicht so stark sind, wie sie von der Presse gemacht worden sind.“

In Spanien hatte Thys Probleme mit seinen Torleuten, außerdem mußte er auf seinen vor der WM am Meniskus operierten Mittelfeldstar René Vandereycken verzichten. Obendrein war das Team durch den Ausfall von Eric Gerets wegen dessen Gehirnerschütterung geschwächt. Immer wieder stellte der Trainer seine Mannschaft um – sie wurde nicht besser.

Oleg Blochin, mit fast dreißig Jahren schon einer der älteren Spieler des WM-Turniers, war Formschwankungen unterworfen: mal begeisterte er, mal wirkte er wie eine alternde Diva.

Trotzdem hätten sie die Sowjets schlagen können. Die Chancen von Vandenbergh in der 5., Vercauteren in der 19., Verheyen in der 48. und 75., Vercauteren in der 79. Minute waren der Beweis. Überragender Mann auf dem Platz war an diesem Tag Frank Vercauteren. Der 25jährige Mittelfeldspieler mit dem starken Offensivdrang kommt vom RSC Anderlecht, der in der nächsten Saison Standard Lüttich den Titel eines belgischen Meisters wieder abjagen will. 2,2 Millionen Mark hat RSC deshalb für Erwin Vandenbergh an den FC Lierse und 1,6 Millionen Mark für Alexander Czerniatynski an den FC Antwerpen zu überweisen. In der Weltmeisterschafts-Endrunde Spanien 1982 waren die beiden Stürmer diese hohen Ablösesummen nicht wert. Trainer Thys hatte mit seinen Klagen vollkommen recht...

Die größte Schwäche der Belgier war ihr Unvermögen, schnell von der Defensive auf Angriff umzuschalten. „Deshalb brachte auch das schnelle 1:0 der Polen uns so stark durcheinander", sprach Thys noch Tage später. Czerniatynski gab nach dem endgültigen Ausscheiden aus dem Turnier offen zu: „Wir hatten die Polen nicht so stark erwartet. Gegen die Sowjets wollten wir eine abermals so deutliche Pleite verhindern – deshalb begannen wir auch so vorsichtig."

„Die Belgier waren mit ihrem ruhigen Spiel heute vielleicht doch noch Spielverderber für die Russen", sagte Weisweiler auf der Tribüne, „denn nun muß die UdSSR gegen Polen unbedingt siegen. Wegen des Torverhältnisses, das eindeutig für die Polen spricht, reicht ein Unentschieden nicht aus."

Die Zuschauer, so erwartete man, stünden dann sicherlich auf seiten der Polen. Beim 1:0 gegen die Belgier pfiffen sie die Russen aus, während sie die Polen bei ihrem sensationellen 3:0 gegen Belgien laut und lange gefeiert hatten.

Claus Mittenzwei

Polen – UdSSR 0:0

Die 35 000 Zuschauer im damit bei weitem nicht ausverkauften Nou Camp hatten an diesem warmen Sommerabend, beim Anpfiff wurden noch 31 Grad im Schatten gemessen, keine Mühe, das Stadion schnell zu erreichen, denn Barcelona war bei der Hitze wie ausgestorben. Die Gruppen der Schlachtenbummler waren nur klein. Wenige Italiener und Brasilianer aus der Schar ihrer paar tausend Anhänger unterstützten die vielleicht 500 Polen.

Mit rotweißen Fahnen und Fähnchen hatten sie sich schon vor dem Spiel bemerkbar gemacht. Während sich die polnischen Spieler vor dem Anpfiff auf dem Rasen den Ball zuschoben (aufwärmen war bei diesen Temperaturen nicht nötig), tönte es in Sprechchören „Boniek“, „Lato“, aber auch „Walesa“ über das Spielfeld.

35 Minuten vor dem Anpfiff hatten vier Polizisten ein Spruchband entfernt, das von Unbekannten auf der Gegentribüne (für die Fernsehkamera gut sichtbar) mit der Aufschrift in Polnisch und Englisch: „Uwolnie Walesa“ – „Set Walesa free“, angebracht hatten.

20.32 Uhr kamen die sowjetischen Spieler auf den Platz (das Treffen wurde um 21 Uhr angepfiffen), nicht nur die polnischen Fans buhten und pfiffen sie aus. 20

Minuten vor dem Spiel rollten junge Männer und Frauen hinter beiden Toren riesige Spruchbänder mit der Aufschrift „Solidarnosc" in Rot auf weißem Untergrund und dem gelb-rot Kataloniens in der Mitte aus. Die Mannschaften liefen ein, die Polen sangen die eigene Hymne – genauso wie ihre Zuschauer – mit. Das Spiel begann. Im bisher zehnten Zusammentreffen der beiden Nationalmannschaften – bis dahin drei Polen-Siege, sechs sowjetische Erfolge – stand für beide sehr viel auf dem Spiel: die UdSSR mußte unbedingt siegen, ein Unentschieden würde angesichts des 3:0 der Polen

Auf Torhüter Mlynarczyk war Verlaß; mit dem torlosen Unentschieden gegen die UdSSR gelang den Polen der Einzug ins Halbfinale.

gegen Belgien und des eigenen mühsamen 1:0 nicht reichen. Das Spiel kam nicht in Schwung und wirkte anfangs so müde, daß die Zuschauer schon wieder ein Pfeifkonzert begannen – unzufrieden mit beiden Mannschaften.

Die Sowjets hätten das Spiel machen müssen, von ihnen erwartet man Angriff auf Angriff. Statt dessen gingen einige Spieler die Sache recht hart an.

16:7 Freistöße für die UdSSR wurden bis zur Pause gezählt. Die erste wirkliche Chance registrierten die Statistiker erst in der 26. Minute. Oganesjun hatte geflankt, Sulakwelidse kam von hinten herangestürzt, köpfte allerdings knapp daneben. Die beste Gelegenheit für die Polen verstolperte der sonst so sichere und trickreiche Lato. Der Mann mit der Beinahe-Glatze wurde von Kupcewicz und Buncol glänzend freigespielt, schlug aber in der Hektik neben den Ball. Die erste Halbzeit endete mit einer ganzen Serie von Fouls. Zuerst hatte Libero Schiwadse eine Verwarnung wegen Foulspiels kassiert, aber den Freistoß aus 25 Metern Entfernung hielt Dassajew, der Torhüter der Sowjetrussen, einwandfrei. Plötzlich erhielt Boniek eine Verwarnung aus nichtigem Grunde: Der gegen Belgien dreifache Torschütze hatte Bessonow angerempelt ... Diese Verwarnung sollte jedoch Auswirkungen haben, denn für Boniek war es bereits die zweite, und nach zweimal Gelb gibt es – nach dem Reglement der Weltmeisterschaft – eine Pause für einmal 90 Minuten, mit anderen Worten: für ein Spiel.

Beim Pausenpfiff gab es Pfiffe von allen Seiten. Dabei war sogar ein recht dankbares Publikum im Stadion, das jeder auch nur einigermaßen gelungenen Aktion auf dem Spielfeld freundlichen Beifall spendete.

Polen – UdSSR war nicht nur ein sportlicher Wettkampf, sondern auch ein Politikum; die Sympathie-Spruchbänder für die polnische Gewerkschaft erregten die Emotionen.

Gellender wurden die Pfiffe in der 64. Minute, als Polizeiabteilungen die hinter den beiden Toren ausgebreiteten Spruchbänder der „Solidarität“ wieder zusammenrollten. Inzwischen hatten aber andere Gruppen spanisch-polnischer Schlachtenbummler kleinere Spruchbänder der gleichen Art samt Fahnen überall im Stadion verteilt. Da das weniger vom Spielgeschehen ablenkte – Fahnen verschiedenster Farben und Größen wurden ja immer geschwenkt –, ließ man die Stadiongäste in Ruhe.

Auch in der zweiten Halbzeit hatte das Spiel ruhig begonnen, doch es wurde zunehmend hektischer, nervöser. Ein Tor fiel nicht. Es hätte schon in der 51. Minute fallen können, als nach Handspiel des unermüdlichen, fleißigen Smolarek im Strafraum der sowjetische Verteidiger Borowsky den Ball gerade noch zur zweiten Ecke für Polen ins Aus lenken konnte. Ums Haar wäre der Ball zwischen die Maschen des eigenen Tores geflogen . . .

In der 64. und 65. Minute hatten Majewski und Boniek zwei ganz dicke Chancen für Polen. Und Sekunden vor Schluß jagte der an zwei sowjetischen Verteidigern vorbeigezogene Smolarek den Ball ganz knapp neben das Tor.

Die Polen hätten gewinnen können! Die Sowjet-Mannschaft wirkte zu kraftlos, um von sich aus energischer werden zu können.

Der schottische Schiedsrichter Robert Valentine pfiff ab, die polnischen Spieler feierten das 0:0 wie einen Sieg. Trainer Antoni Piechniczek und die Betreuer umarmten die Spieler, während die Sowjets grußlos vom Platz liefen. Nur zwei oder drei tauschten mit den Polen noch einen Händedruck und das Trikot, andere Polen-Trikots wurden von den überglücklichen Spielern an die Balljungen verteilt. Die Polen standen im Halbfinale, die Sowjetrussen mußten nach Hause reisen.

Claus Mittenzwei

Abschlußtabelle Gruppe A

1. Polen	2	1	1	0	3:0	3:1
2. UdSSR	2	1	1	0	1:0	3:1
3. Belgien	2	0	0	2	0:4	0:4

GRUPPE B

Deutschland – England 0:0

Nach dem Skandalspiel gegen die Österreicher troffen die internationalen Pressekommentare vor Hohn, Spott und Anschuldigungen gegen beide Teams. Vornehmlich jedoch nahmen sich die Reporter die deutsche Elf zur Brust, die zur Weltmeisterschaft immerhin mit dem Anspruch gekommen war, „mit schönen Offensivspielen dem Fußball wieder neue Impulse zu geben“ (so Bundestrainer Jupp Derwall zuvor) und erklärtermaßen auf den Titel fixiert war – im Gegensatz zu den viel bescheideneren Österreichern.

„Sie tanzten einen schamlosen Walzer“: „El Diario“ im Gastgeberland Spanien.

„Deutschland und Österreich werden hiermit von uns für den Friedensnobelpreis benannt“, höhnte der französische „Figaro“.

Zurück im Hotel und konfrontiert mit der geballten Negativreaktion ringsum, konnten die deutschen Spieler lange nicht – auch Tage danach noch nicht – den Ernst ihrer Lage und das Ausmaß begreifen, in dem sie den Fußballsport insgesamt und dem deutschen Bundesliga-Fußball speziell, Schaden zugefügt hatten.

„Wir sind doch in der zweiten Runde! Was wollt ihr denn eigentlich? Das ist eine Weltmeisterschaft, und da geht es in erster Linie ums Weiterkommen!“ So und ähnlich ließen sich die unverständigen Reaktionen der deutschen Spieler auf einen Kurznenner bringen.

Die Stars vermochten sich keinen Begriff davon machen, daß sie 35 000 Zuschauer im „El Molinon“ von Gi-

„Ich kann nichts dafür", deutet die Geste von Ray Wilkins (England) an; sein Einsatz gegen Paul Breitner ging aber über die Grenze des Erlaubten, und das macht ihm Schiedsrichter Coelho sehr deutlich.

jon zu gelangweilten Statisten einer würdelosen Fummelei am Rechenschieber degradiert hatten, daß die Zuschauer zu Recht maßlos enttäuscht über das Spielchen beider Mannschaften gewesen waren, bei dem sich die hochbezahlten Stars als kalt kalkulierende, keß spekulierende Glücksritter entlarvt hatten.

Bundestrainer Jupp Derwall, der anfangs die Auswirkungen dieses katastrophalen Auftritts seiner Mannen glatt unterschätzte, unterstützte das Ganze auch noch hinterher: „Man muß doch sehen, daß es hier ums Rechnen ging, das war eine konkrete Angelegenheit. Wenn wir unter anderen Umständen Gruppenerster geworden wären – sicherlich hätte ich das lieber gehabt, ich bin auch nicht begeistert darüber“, seufzte Derwall.

Vermutungen und Vorwürfe, das Spiel sei „abgesprochen“ worden, wies der Bundestrainer entrüstet zurück: „Das ist eine infame Sache, eine Beleidigung.“

Freilich kam Derwall danach auch noch ein in diesem Zusammenhang verhängnisvoller Satz über die Lippen: „Ich freue mich immer, wenn europäische Mannschaften weiterkommen.“

Ob es sich, wenn schon nicht um „Absprache“, dann wenigstens um ein „stillschweigendes Übereinkommen“ der Profis beider Teams auf dem Spielfeld gehandelt habe? Derwall wich aus: „Ich glaube nicht, daß sie auf dem Platz an so etwas denken.“ Vielmehr sei die FIFA-Regelung am schmählichen Ausgang in erster Linie schuld. „Es ist ein Fehler, daß die letzten Gruppenspiele nicht alle an einem Tag ausgetragen werden. Dann wäre so etwas nie passiert“, lenkte der deutsche Bundestrainer ab. „Außerdem hätten die Algerier ja selbst gegen Chile alles klarmachen können!“

Zumindest Besserung gelobten die deutschen Spieler in den Tagen danach. Hansi Müller: „Ich verstehe die Leute jetzt." Er habe mit seiner Verlobten Claudia telefoniert, und die sei entsetzt über die Reaktionen der Fans zu Hause gewesen.

Kapitän Karl-Heinz Rummenigge versicherte: „Alle Spieler wissen jetzt, was sie angerichtet haben. So dumme Dinge, wie sie Toni Schumacher nach dem Spiel machte, als er die Zuschauer obendrein noch provozierte, werden in Zukunft ganz sicher bei uns nicht mehr vorkommen!"

Jupp Derwall schließlich – nach einer offenen Aussprache mit den deutschen WM-Reportern – nahm ebenfalls seine unbedachten Vorwürfe zurück. Er wollte in den WM-Berichten der Reporter „schlummernde Grausamkeit" und „Verräterei" entdeckt haben. Ein Reporter hatte ihn als „Gummilöwen" tituliert ...

Gegen die Engländer, die nach ihren Erfolgen über Frankreich, die CSSR und Kuwait vor neuem Selbstvertrauen geradezu strotzten, sollte es einen „neuen Anfang" (Derwall) geben. Karl-Heinz Rummenigge: „Wir beginnen wie alle anderen wieder bei Null, außerdem geht die Weltmeisterschaft jetzt erst richtig los!"

Berti Vogts, der Assistent, der die Briten in Bilbao beobachtet hatte, forderte: „Unsere Elf muß volles Tempo gehen, sie wird erstmals bei diesem Turnier hundertprozentig dasein müssen!"

Auf Anraten von Uli Stielike, dem „Spanien-Legionär", liefen die Deutschen mit je fünf roten Nelken in der Rechten im Madrider „Estadio Santiago Bernabeu" ein – die Bitte um späte Verzeihung für die Vorgänge von Gijon.

Das neutrale spanische Publikum, das generell ohnehin eine spürbare Abneigung gegen alles Britische hegt, empfing die deutsche Elf nur mit vereinzelten Pfiffen.

Mit von der Partie waren schließlich doch Kapitän Karl-Heinz Rummenigge, dessen Oberschenkelzerrung sich nach dem Österreich-Spiel eher noch verschlimmert hatte, und auch Libero Uli Stielike, den der Ischias zwickte.

Erstmals über die volle Distanz dabei waren Uwe Reinders, der Bremer, auf der Rechtsaußenposition und Bernd Förster im linken, defensiven Mittelfeld. Felix Magath war dafür gleich auf die Tribüne verbannt worden, worüber er sich hinterher leise, aber eindringlich beschwerte: „Wie soll ich denn mein Selbstvertrauen wiederfinden?“

Littbarski durfte wenigstens auf der Auswechselbank Platz nehmen.

Das Match gegen die britischen „Löwenträger“ konnte beginnen!

Gleich in der dritten Minute prüfte der quirlige Coppell den deutschen Keeper Toni Schumacher mit einer raffiniert gedrehten Ecke. Erstmals im Turnier überhaupt konnte der Kölner sein großes Können unter Beweis stellen.

In der 19. Spielminute war es dann Mittelfeld-Denker Ray Wilkins, der Schumacher mit einem glänzenden Kopfball auf die Probe stellte.

Seltsam verhalten und drucklos wirkten die Deutschen schon in dieser Anfangsphase des Spiels. Von Druck und Versuchen, das Tempo wie angekündigt zu beschleunigen und über diesen Weg zu einer eindrucksvollen Wiedergutmachung nach dem Österreich-Skandal beizutragen, war nichts zu bemerken. Erst in der 23. Minute kamen die deutschen Spieler zu ihrer ersten Möglichkeit, die Rummenigge per Flachschuß aus 16 Metern vergab – zuvor freigespielt von seinem Münchner Klubkameraden Paul Breitner.

Reinders, der ursprünglich für frischen Wind im deutschen Angriffssegel hatte sorgen sollen, verzettelte sich immer wieder, so auch in der 24. Minute, als er erst bei einem sehenswerten Solo drei Briten umkurvte, dann aber kraft- und saftlos am nächsten hängenblieb. Des weiteren traf der Bremer bereits in dieser Phase keine

Die Erzrivalen Deutschland und England schenkten sich beim 0:0-Unentschieden nichts; hier bringt Wolfgang Dremmler Kenny Sansom zu Fall.

Anstalten, sich einen verlorenen Ball auch wieder zu erkämpfen.

Eine leichte Leistungssteigerung dagegen zeigte sich bei Paul Breitner, der in der 36. Minute an Shilton scheiterte. Schreckschuß für die Derwall-Elf drei Minuten darauf: Robson, bester Schütze der Briten bis dahin im WM-Turnier von Spanien, verzog aus zwölf Metern. Flach links unten pfiff sein Ball an Schumachers Gehäuse vorbei ins Toraus.

Flaute und Unentschlossenheit herrschten weiter im deutschen Team, das – ohne Mut und Selbstvertrauen – offensichtlich Angst hatte, zügig nach vorne zu spielen. Einer schob dem anderen den Ball und damit die Verantwortung zu. Immer wieder das „Dreieck der Mutlosigkeit“: quer, vor und zurück wanderte der Ball – ohne Raumgewinn, ohne Nutzeffekt.

Einzelaktionen verpufften wirkungslos, wie etwa der Versuch eines Distanzschusses von Manni Kaltz, der kurz vor dem Halbzeitpfiff den oberen Rängen des nicht ganz gefüllten Bernabeu-Stadions einen „Besuch“ abstattete, gut 15 Meter am Tor Shiltons vorbei!

In der Pause kommentierte Eusebio, der WM-Star und begnadete Torjäger früherer großer Fußballtage, in Spanien als Reporter für das portugiesische Fernsehen „am Ball“: „Ich bin sehr, sehr enttäuscht von beiden Teams. Nur ein guter Schuß der Deutschen bisher aufs englische Tor – das ist doch viel zuwenig!“

Auch in der zweiten Hälfte wurde Eusebio weiter durch die Aktionen beider Teams deprimiert. In keiner Phase hielt die Partie das, was sie zuvor versprochen hatte.

Den hochgelobten Briten fehlte ein spielerischer Kopf

wie Keegan, darüber hinaus sogar ihr vielbewunderter und beschriebener „fighting spirit“, ihr typisch englischer Kampfgeist. Die Deutschen, nun, sie kickten eben so mit. Daß am anderen Ende des Spielfeldes ein gegnerisches Tor stand, dem es zuzusetzen galt, schien sich unter Derwalls Mannen wieder einmal nicht richtig herumgesprochen zu haben. Wie sonst war ihr zögerndes Ballgeschiebe zu erklären? Eine Erkenntnis formte sich langsam zur Gewißheit: Die Deutschen blufften nicht, nein, diese Mannschaft hatte wirklich nichts mehr zuzusetzen an Kräften, Einfällen, Druck. Keiner ergriff zudem die Initiative.

Erst in der 72. Minute brachte Hansi Müller, der gleich darauf Fischer weichen mußte, Shiltons Tor ein wenig in Gefahr, doch der Ball flog gut drei Meter übers Gebälk. Zehn Minuten davor war Littbarski für den enttäuschenden Reinders ins Spiel gekommen. Auch das brachte nichts mehr ein.

So blieb Rummenigges Gewaltschuß fünf Minuten vor Schluß der temperamentlosen Partie zweier großer Namen im Weltfußball die einzige Leuchtrakete in ansonsten tiefer Nacht. Kalles Ball sprang von der Querlatte der Briten zurück ins Feld. Es war der erste und einzige Schuß der deutschen Elf aufs englische Tor in der gesamten 2. Halbzeit! *Werner-Johannes Müller*

Karl-Heinz Rummenigge über das Spiel:

Eigentlich hatten wir es uns anders vorgestellt. Ein Sieg gegen England war vorprogrammiert, denn in den letzten Tagen hatte endlich auch der letzte von uns erkannt, daß wir gegen Österreich eine indiskutable Fehlleistung gezeigt hatten. Wir wollten uns vor den Zuschauern im Stadion und vor unseren Anhängern in der Heimat rehabilitieren – nicht nur mit einigen Nelken in der Hand!

Und dann wurde es doch wieder ein Spiel, wie wir es gar nicht wollten. Berti Vogts, der die Engländer gegen Frankreich und gegen die CSSR beobachtet hatte, schilderte sie uns als wesentlich stärker, als sie dann in Wirklichkeit auftraten. Unser Vorhaben, aus einer starken Abwehr heraus die gute alte deutsche Tugend, das Konterspiel, zu demonstrieren, klappte nicht.

Über die Tatsache, daß wieder nur mäßig gespielt worden war, ärgerte ich mich mehr als darüber, daß es nicht den erhofften Sieg, sondern lediglich ein 0:0 gegeben hatte. Eigentlich lief unser Spiel nur in den letzten 20 Minuten so, wie wir es geplant hatten. Dabei wäre ein klarer Sieg so wichtig gewesen, für mich vor allem auch deshalb, weil wir eine Pause bis zum Montag, zum letzten B-Gruppen-Spiel, gehabt hätten. Diese Tage wären so wichtig gewesen, um meine Verletzung endlich auskurieren zu können. Professor Hess meinte, mit fünf bis zehn Tagen absoluter Schonung sei eine vollständige Ausheilung möglich.

Auch das klappte also nicht, alles blieb beim alten, schon sattsam bekannten „Hängen und Würgen". Seit unserem 1:2 gegen Algerien waren die Schmerzen in meinem Bein nie mehr ganz verschwunden. Vor einem Spiel ging es „einigermaßen", im Match dann, nach etwa einer Dreiviertelstunde, wenn die Ermüdungserscheinungen in der Muskulatur auftraten, waren die Schmerzen wieder da.

Den Kopfball von Karl-Heinz Rummenigge angelt sich der englische Keeper Peter Shilton; kurz vor Spielende landete eine „Bombe" des Münchners nur an der Latte.

iers
Gillette Gi

Auf Uli Stielike war Verlaß, er bereinigte gefährliche Situationen im Strafraum, wenn auch gelegentlich nicht ganz sauber wie bei diesem Foul am Engländer Bryan Robson.

Jedes Mal das gleiche Spiel: eine Spritze und vor dem neuen WM-Match ein Fitness-Test eine Stunde vor Anpfiff im Stadion.

Vor unserem Treffen gegen England hatte ich es erkannt: Der Test war für die Katz'. Ich wußte, was auf dem Spiel stand, und konnte gar nicht anders als mitzumachen. Nach den Spurts ging es dann in die Kabine, und dort schauten mir etliche Paar Augen hoffnungsvoll entgegen. Was tut man in so einem Fall? Man nickt und sagt: „Ja, ich spiele."

Nach dem 0:0-Abendspiel, das ja erst etwa 22.45 Uhr

zu Ende ging, kamen wir nach 2 Uhr nachts ins Hotel zurück und ins Bett. Wie immer nach einem wichtigen Spiel konnte ich nicht einschlafen, sondern ließ jede Szene des Matchs nochmals Revue passieren. Dieses Mal war es nur eine einzige Situation, die mir immer wieder in den Sinn kam: Fünf Minuten vor Schluß, als ich den Ball an die Querlatte knallte. „Hätt'ste doch einen halben Meter vorher geschossen", machte ich mir Vorwürfe. „Hätt'ste doch einen Tick früher draufgehauen, dann wäre der Ball fünf Zentimeter tiefer und im Netz gewesen ..."

Nun war es zu spät. Jetzt lag bereits wieder das Spiel gegen Spanien vor uns, und es konnte nur noch heißen: Siegen – oder nach Hause fliegen.

Deutschland – Spanien 2:1 (0:0)

Uli Stielike, seit 1977 in Diensten des königlichen Klubs Real Madrid, war in den Stunden vor dem entscheidenden Spiel gegen das Gastgeberland der meistgefragte und -begehrte Mann. Aus einem guten Grunde: Stielike kannte Stadion und gegnerische Spieler wie seine eigene Westentasche.

Bevor der deutsche Libero („Die Abwehr, meine Abteilung wenigstens, war bisher in Ordnung!") daran ging, mit Bundestrainer Jupp Derwall die Stärken und Schwächen der Spanier und Gegenmittel zu analysieren, gab er erst einmal sein eigenes Gesundheitsbulletin zum besten: Am Swimmingpool des Mannschaftshotels „Barajas" sitzend, jedoch mit keinem Blick für die hübschen Badenixen an der Pool-Kante, wollte Uli seine

Sorgen wenigstens verbal loswerden: „Es ist keine Zerrung im Oberschenkel, wie wir bisher vermuteten, es kommt von der Wirbelsäule her, die Schmerzen strahlen aus bis in den Knöchel des rechten Beines!“

Stielike in jenen Stunden – ein großes Sorgenkind mehr für Bundestrainer Jupp Derwall, den in den wenigen Gesprächen, die er noch mit Reportern führte, die ersten Endzeitgefühle anwandelten: „Ich habe zwar noch einen Vertrag über die nächste Weltmeisterschaft in Kolumbien hinaus, aber wenn das auch noch gegen die Spanier nicht klappt, wird man hinterher darüber reden müssen.“

Gerade hatte der Bundestrainer seinen neuesten Schock verdaut. Sein Mittelstürmer Nr. 1 des WM-Anfangs, der Hamburger Horst Hrubesch, war via Boulevardblatt zum Angriff gegen den eigenen Trainer angetreten: „Vor dem England-Spiel hat Derwall es nicht gewagt, mir zu sagen, daß ich nicht aufgestellt würde. Er ist feige!“

Nur mühsam konnte Derwall seine tiefe Enttäuschung über die Entgleisung Hrubeschs verbergen, dem er nun wirklich lange genug die Stange gehalten hatte. Kein einziges Mal aber sah er vom langen Hamburger („Kopfballungeheuer“) sein Vertrauen in Toren vergolten, die der deutschen Elf wirklich zum Sprung aus der Misere verholfen hätten.

Kapitän Karl-Heinz Rummenigge machte sich also auf, die beiden Streithähne an einen Tisch zu bringen. Dies gelang. Auch ein Kompromiß. Hrubesch versprach dem Bundestrainer vor der entscheidenden Partie gegen Spanien in die Hand, nicht mehr weitere Unruhe ins krisengeschüttelte deutsche WM-Team zu tragen.

Schon wieder ein „Zitterspiel" der deutschen Mannschaft, die gegen Gastgeber Spanien gewinnen mußte. Hier das 1:0 durch Pierre Littbarski zu Beginn der zweiten Halbzeit.

Doch die Autorität Derwalls, dies zeigte der Zwischenfall überdeutlich, war angeschlagen. Zitate von Spielern machten die Runde, etwa folgendes: „Derwall hat so wenig Autorität, der könnte nicht einmal eine Jugendmannschaft führen!"

Auf diesem persönlichen Tiefpunkt, inmitten der schwierigsten Situation seiner bisherigen Trainerkarriere, suchte Derwall Zuflucht bei sich selbst („Es kann doch nicht alles auf einmal schlecht sein, was vier Jahre lang erfolgreich war!") und in langen Telefonaten mit seiner Ehefrau Elisabeth. Derwall: „Wenn's einem schlecht geht, telefoniert man länger, man braucht ja jemanden, der einen versteht!"

Auch bei seinen Assistenten Erich Ribbeck und Berti Vogts glaubte der Bundestrainer die ersten feinen Haarrisse im vorher so makellosen Verhältnis entdeckt zu haben. Unter der Hand ließ Erich Ribbeck – wohl zu Recht – schon mal durchblicken, daß er mit einigen Dingen nicht so recht einverstanden war. Im Klartext: Die „lange Leine", an der Derwall den Stars vier Jahre lang unbegrenzten Auslauf gewährt habe, gleiche immer mehr einem Strick, mit dem sich Derwall selbst erwürge.

„Ich beobachte hier so einiges", meinte Ribbeck dunkel, „was ich mir für die Zukunft ganz, ganz genau merken werde. Aber: wenn man kritisiert, ist man hinterher ja immer selbst der Dumme! Man gerät da schnell in den Ruf eines Nörglers und Miesmachers."

Ribbeck, ein überlegter Typ, begann innerlich auf Distanz zu gehen.

Jupp Derwall indes gab vor dem Schicksalsspiel die Parole aus: „Wir werden kämpfen bis zum letzten Atemzug!" Sportlich gesehen – so konnte man den Ausspruch interpretieren – ging es sowohl für die deutsche Elf als auch für ihren angeknockten Trainer um „Leben oder Tod".

Karl-Heinz Rummenigge formulierte die Alternative drastisch: „Siegen oder fliegen!"

20.48 Uhr. Ein Meer von gelbroten Fahnen schlägt über der deutschen Elf, angeführt von Kapitän Karl-Heinz Rummenigge, zusammen, als sie das „Estadio Bernabeu" betrat. „España, España, España" schallte es von den erstmals vollbesetzten Rängen der herrlichen Fußball-Arena im Norden Madrids herunter. Als die

Auch am 2:0 gegen Spanien war Littbarski beteiligt: Er gab den Paß zu Klaus Fischer, den dieser kaltblütig und fast im Zeitlupentempo verwandelte.

Namen der deutschen Spieler über Lautsprecher samt dazugehörender Nummer verkündet wurden, pfiffen die aufgepeitschten „Aticionados“ jeden deutschen Akteur in Grund und Boden; abgeschwächt ein wenig nur bei Stielike, dem dieselben Zuschauer während der spanischen Ligaspiele ansonsten begeistert zu Füßen liegen.

So ist der Fußball – so läuft das bei einer großen WM.

Auf Anraten von Uli Stielike, der seine Pappenheimer im Stadion genau kennt, hatten die deutschen Spieler je fünf dunkelrote Nelken mit auf den Rasen gebracht – die späte Bitte um Verzeihung für Gijon.

Die deutsche Aufstellung wies gegenüber dem England-Match zwei entscheidende Veränderungen auf: Littbarski und Fischer waren diesmal von allem Anfang an dabei. Reinders und Felix Magath, deren Einsatz man erwartet hatte, saßen auf der Auswechselbank bzw. gar nur noch auf der Tribüne.

Die „Fußball-Corrida“ zwischen den Spaniern und den Deutschen konnte beginnen: Und wie die wilden Stiere, mit Feuer und geballter Entschlossenheit, rissen die deutschen Spieler sofort das Geschehen an sich. Schon die ersten Minuten machten allen Beobachtern auf der Tribüne deutlich, daß hier endlich eine deutsche Mannschaft auftrat, die wieder ihr altes Gesicht zu zeigen begann: einsatzfreudig, kampfstark, konzentriert – Eigenschaften endlich ausspielend, die den deutschen Fußball groß gemacht und international über lange Jahre auf hohem Standard gehalten haben.

In der vierten Minute schon jagte Bernd Förster, der junge Stuttgarter, einen saftigen Schuß auf Arconadas Gehäuse. So einen Ball hatte man bei Försters Auftritt gegen die Briten im ganzen Spiel nicht gesehen.

Beim Anschlußtreffer der Spanier zum 2:1 durch Zamora hatte Toni Schumacher keine Abwehrchance; der Einzug der Deutschen ins Halbfinale hing nun am seidenen Faden.

In der siebten Minute hätte es 1:0 für die Deutschen heißen können: Briegel tankte sich durch, paßte auf Fischer, der weiter zu Littbarski, seinem Kölner Klubkameraden, doch der verschoß um einen Meter. Wäre das ein toller Start für die Derwall-Truppe gewesen!

Drei Minuten später sah Spaniens eckiger, rauher Libero-Geselle Alesanco die gelbe Karte eine Überraschung, denn vorher war doch immer gemunkelt worden, der italienische Schiedsrichter Casarin sei ein ausgesprochener „Heimschiedsrichter“ …

16. Minute: Briegel-Solo übers halbe Feld, der Laute-

rer zog ab – doch der Ball sauste gut zehn Meter übers spanische Tor.

Wieder dieser Bernd Förster! Aus 16 Metern probierte es der Stuttgarter aus dem kleinen Odenwald-Dörflein Unterschwarzach erneut. Arconada rettete im letzten Moment mit prächtiger Parade zur Ecke.

In der 27. Minute verfehlte Paul Breitner aus 30 Metern nur ganz knapp. Die erste Möglichkeit für die Spanier folgte dann drei Minuten darauf, als Juanito, der kleine, unberechenbare Rechtsaußen Real Madrids, einen Ball scharf nach innen auf seinen Klubkameraden Santillana zog. Der rutschte am Leder knapp vorbei. In der 32. Minute mußte Uli Stielike, der bis dahin eine wunderbare Vorstellung bot, höllisch aufpassen: Alonso, der Mann mit dem Gesicht eines Mittelgewichtsboxers, drängte und schob sich an Stielike vorbei in Richtung deutsches Tor, doch Toni Schumacher kam seinem Libero gerade noch rechtzeitig zu Hilfe. Da hatte es erstmals im deutschen Strafraum lichterloh gebrannt!

Bis zur Halbzeit setzten die Deutschen ihren Druck fort, doch der erlösende erste Treffer, der die Aktionen weiter befeuert und beflügelt hätte, blieb leider aus.

0:0 – so ging es in die Kabinen. Das Thermometer zeigte 30 Grad an – um 21.45 Uhr abends.

Man begriff, daß die Spieler in der Kabine um jeden Tropfen kühlenden Wassers rangen. Mineraldrinks, für schnellen Ersatz körpereigener, ausgeschwitzter Salze angelegt, wurden den erhitzten Akteuren zusätzlich gereicht. Dann ging es weiter.

Reinders kam für Kapitän Rummenigge, der selber um Auswechslung gebeten hatte. Rummenigge sagte nach dem Spiel zur Begründung: „Bei jedem Schritt spürte ich die Zerrung wieder: ich hätte der Mannschaft mehr geschadet als genützt, wäre ich auf Teufel komm raus geblieben."

Das deutsche Team steckte den Verlust seines Spielführers ungerührt weg. In der 50. Minute packte sich Rummenigges Mannschaftskamerad vom FC Bayern München, Wolfgang Dremmler, entschlossen ein Herz und zog aus 25 Metern ab. Arconada konnte nur abklatschen – Littbarski war zur Stelle und drückte den Ball zur 1:0-Führung für Deutschland ein!

„Zugabe, Zugabe, Zugabe" – jetzt plötzlich hörte man die deutschen Schlachtenbummler von den Rängen, die vorher noch im Getöse und Brodeln der spanischen Menge akustisch „ertrunken" waren. „Deutschland, Deutschland!" Und wie Deutschland nun kam!

Breitner erspielte sich eine Chance, vergab.

Breitner – von glänzender Spiellaune in seinem bisher besten WM-Spiel – gab auf Fischer, der verpaßte wieder nur knapp.

Fischer ließ Gordillo und Tendillo aussteigen, spielte zum aufgerückten Briegel, doch dessen Ball stieg in die Wolken. Hatte dieser Briegel immer noch Kraft!

In der 75. Minute gab's den gerechten Lohn für die deutsche Elf: Breitner sah Littbarski in die Gasse sprinten, es folgte ein prachtvoller Steilpaß. „Litti" umkurvte Torhüter Arconada – links, zwei, drei, rechts, zwei, drei, wie im Tanzkurs –, spitzelte das Leder hinüber zum mitgelaufenen Klaus Fischer, und der schob den Ball mit geradezu enervierender Bedächtigkeit, aber präzise in das offengähnende rechte Toreck. 2:0 für Deutschland!

„Oh, wie ist das schön, oh, wie ist das schön", sangen die schwarzrotgoldenen Punkte auf den Rängen.

„So was hat man lange nicht geseh'n, so schön, so schön!" In der Tat!

Fast zu schön war das alles bis zur 82. Minute: Freistoß für Spanien, der Ball flog auf das lockige Haupt des Spielmachers Zamora und von dort aus in die rechte obere Ecke des deutschen Tors! Keiner hatte Zamora gedeckt! Nur noch 2:1. Ein Treffer, der Deutschlands weitere WM-Teilnahme kosten konnte. Schlußpfiff im „Estadio Bernabeu". Glücklich umarmte Bundestrainer Jupp Derwall seine Spieler, vor allem Dremmler.

Als er danach ins Hotel zurückkehrte, hatte Rheinländer Jupp wieder ein fröhliches Liedchen auf den Lippen und pfiff erleichtert vor sich hin. Ob auf dem „letzten Loch", würde sich erweisen.

Werner-Johannes Müller

Karl-Heinz Rummenigge über das Spiel:

Normalerweise können wir mit einem guten Spiel viel Unbefriedigendes oder Negatives vergessen machen. Wir wollten das auch in unserem Treffen gegen Spanien unbedingt schaffen. Ob wir gegen die Spanier ein „schönes" Spiel lieferten, muß der Beurteilung durch unsere Kritiker überlassen bleiben. Aber eines weiß ich gewiß: Wir waren körperlich, kämpferisch und von der Spielanlage her überlegen und konnten einiges wieder klarstellen, was uns in der letzten Zeit eine Menge Pfiffe eingetragen hatte – nicht nur in Spanien.

Anstelle von Horst Hrubesch spielte Klaus Fischer im Spiel gegen Spanien, der es (wie hier gegen Alesanco) nicht leicht hatte, aber letztlich doch entscheidende Tore schoß.

Jupp Derwall hatte uns vor dem Anpfiff eindringlich eingepaukt: „Macht euch frei von all dem, was in den letzten Tagen über euch gesagt und geschrieben wurde. Spielt auf!" Das taten wir – und der Knoten platzte ziemlich schnell.

Die Kulisse im prachtvollen Bernabeu-Stadion war imponierend, modern und schön. Ich kenne nichts Ähnliches! Wenn man dort aus dem Kabinengang unter den Tribünen ins Freie tritt, das Meer von rotgelbroten Fahnen sieht und das „España – España" hört, bekommt man große Augen.

Es war weder einschüchternd noch bedrückend, wie mancher vielleicht befürchtet hatte. Dazu erwiesen sich die Spanier durchaus nicht als „das Team der Treter und Hacker", als das sie vielleicht hingestellt worden waren. Daß ich nach der Halbzeit aussetzte, hatte auch nichts mit Unfairneß oder harten Attacken zu tun, sondern nur mit meiner „alten" leidigen Verletzung, die schon nach zehn Minuten wieder böse Schmerzen mit sich brachte. In der Halbzeit wurde mein Oberschenkel mit Eis behandelt, doch es nutzte nichts. Es blieb mir nichts anderes übrig, als zum Bundestrainer zu sagen: „Bei mir hat's keinen Zweck mehr, ich kann nicht richtig laufen."

Zur Halbzeit war die Stimmung in der Kabine zum erstenmal gut, obwohl wir noch immer kein Tor erzielt hatten. „Wenn wir die nicht schlagen", meinte Uli Stielike, der sonst keiner ist, der den Mund voll nimmt, „dann haben wir's wirklich nicht verdient weiterzukommen!" Ich hatte ein frisches Trikot angezogen, bevor ich mich auf die Ersatzbank setzte. Heute war die Wartezeit überhaupt nicht zu vergleichen mit den endlosen Minuten vor dem Schlußpfiff unseres Spieles gegen Österreich, wo wir vor

Nervosität fast durchgedreht hatten. Dieses Mal hatte ich das gute Gefühl: Die Spanier packen wir!

Als Arconada Dremmlers Schuß abprallen ließ, dachte ich noch gar nicht an ein Tor. Auf der Reservebank sitzt man sehr tief unten und weit weg vom Ort des Geschehens. Von hier aus hatte man den Eindruck, „Litti" käme einen Schritt zu spät. Waren wir erleichtert, als der Ball dann doch unter Arconadas Bauch hindurch ins Netz flog! Am liebsten wären wir aufgesprungen und hätten mitgejubelt, aber in dem engen Betonloch ging das nicht. Wer dort aufspringt schlägt sich fürchterlich den Schädel an.

Das passierte sehr selten: Uli Stielike war nicht nah genug am Mann, und so konnte Zamora unbehindert das spanische Gegentor im Spiel gegen Deutschland erzielen.

Als Uwe Reinders kurz danach einen Kopfball über die Querlatte setzte, meinte Horst Hrubesch neben mir wehmütig: „Mensch – den Ball hätte ich haben sollen!" Nach Klaus Fischers 2:0 (für mich war das der schönste Spielzug der ganzen neunzig Minuten) glaubte jeder, daß das Halbfinale fast geschafft war, aber Zamoras Anschlußtreffer war ein Wermutstropfen. Zumindest Jupp Derwall hatte das Unheil kommen sehen. Noch während Sanchez' Flankenball in der Luft war – Zamora hatte noch gar nicht zum Sprung angesetzt –, sagte Derwall mehr zu sich selber als zu Erich Ribbeck: „Der ist drin!" Unsere deutschen Schlachtenbummler, die hinter Toni Schumachers Tor in der 2. Halbzeit eine regelrechte Kolonie gebildet hatten, übertönten zeitweilig sogar die anderen 90000 Besucher im weiten Oval. Es war ein befreiendes Gefühl, nach so vielen unbefriedigenden, unglücklichen Erlebnissen plötzlich wieder Siegesstimmung zu spüren – auch wenn man auf der Bank bleiben mußte. Sieges- oder Triumphlieder hat zwar keiner unter der Dusche gesungen, aber das Bewußtsein, endlich wieder eine solide Leistung geboten zu haben, wurde deutlich.

Es war wie nach dem Chile-Spiel: Wir hatten gewonnen und wußten dennoch nicht, ob wir weiterkommen würden! Alles würde sich am Montagabend entscheiden, wenn Spanien gegen England anzutreten hatte – und wir mußten auf der Tribüne sitzen und untätig zuschauen. Miguel Angel, Spaniens Ersatztorhüter, den Paul Breitner von Real Madrid her kennt, kam nach dem Spiel auf ihn zu und meinte: „Keine Angst! Wir können Montag nicht noch einmal verlieren. Drei Niederlagen hintereinander – das würde uns hier niemand verzeihen! Das wäre eine tödliche Beleidigung für unsere Fans."

Vor dem Spiel, als wir mit dem Mannschaftsbus durch das Fahnenmeer ins Stadion gebracht wurden, hatte uns alles gellend ausgepfiffen und mit dem Daumen nach unten gezeigt. Nach dem Spiel hatten die Spanier zwar ihre Fahnen eingerollt, aber als sie uns sahen – applaudierten sie!

England – Spanien 0:0

Dem 2:1-Sieg von Jupp Derwalls plötzlich wieder aus der „Asche von Gijon" auferstandenen Mannschaft folgten 70 Stunden des Wartens und des Rechnens. Kevin Keegan beschäftigte sich mit beidem auf seine Art. „Was wollt ihr", sagte der auch mit der Zunge fixe Engländer zu deutschen Reportern, „ich habe jetzt drei Wochen im Turnier auf mein erstes Spiel gewartet. Am Montag gegen Spanien bin ich dabei, wir gewinnen 2:0, und die Deutschen müssen heimfahren. Ins Halbfinale kommen wir. Verlaßt euch drauf!"

Im Hotel „Barajas" schwankte die Stimmung der deutschen Spieler, ihrer Betreuer und der deutschen Journalisten zwischen „Alles zu spät, wir können schon die Koffer packen!" und den Hoffnungen auf die Spanier: „Sie haben bisher ihr Publikum so enttäuscht, daß sie gar nicht anders können, als noch einmal mit vollem Einsatz zu spielen!", machten sich die einen Mut, die anderen dachten an die politische Großwetterlage. Im Falkland-Konflikt hatte Spanien eindeutig Stellung gegen England bezogen.

Die meisten deutschen Spieler und alle Trainer waren ins Bernabeu-Stadion gefahren, um sich an Ort und Stelle anzusehen, wie von zwei anderen Mannschaften über ihr eigenes Schicksal in diesem Turnier entschieden wurde. Ihre Nerven wurden bis zum Zerreißen strapaziert – nicht, weil das Spiel etwa hochklassig war, aber unten, auf dem Rasen, mußte man in jeder Minute bei jeder Mannschaft mit jedem Fehler rechnen. Und Fehler können nun mal im Fußball schnell zu Toren führen.

Doch Tore fielen nicht – trotz vieler Chancen. Als Meister im Vorbeischießen erwies sich der Spanier Alonso. Viermal spielte er sich geschickt in völlig freie Schußposition – viermal schoß er den Ball weit vorbei.

Das Spiel zwischen Spanien und England entschied darüber, ob die Deutschen unter die letzten Vier kommen würden. Hier hofft der eingewechselte Kevin Keegan auf einen Torerfolg – vergeblich.

Die Spanier hatten gute Chancen im Spiel gegen England, doch entweder konnten sie sie nicht verwerten oder sie scheiterten an der kompromißlosen englischen Abwehr (hier Mariner gegen Urquiaga).

Die 60000 Spanier, zu denen noch etwa 10000 Engländer und „Neutrale“ kamen, schrien ihre Mannschaft immer wieder nach vorn. Den Willen verspürte man bei den Spielern, doch Nervosität und nachlassende Kräfte führten zu Fehlpässen und richtiggehenden „Verstolperern“.

Die Engländer konnten es nicht besser. Robson, Mariner, Butcher verfehlten das Tor. Als sich Tony Woodcock einmal freimachen konnte und aus vollem Lauf schoß, drückte Arconada den Ball über die Latte. Dann schoß Francis, von dem sonst kaum etwas zu sehen war, aus 30 Metern so kraftvoll, daß Arconada den Ball nur abklatschen konnte, doch wirklich gefährlich wurde es nie.

Auch als Kevin Keegan und als eine Art „Brechstange“ Brooking in der letzten halben Stunde auf dem Felde waren, regierte beiderseits der Zufall weiter. Einzig ein Gewaltschuß von Brooking aus kürzester Entfernung zwang Arconada zu einer beifallumrauschten Rettungstat. Vereinzelt aufflackernde Sprechchöre „England, England“ gingen im Gegengeschrei der Spanier unter. Als der belgische Schiedsrichter Ponnet nach 92 Minuten endlich abpfiff, brauste ein Jubelsturm durchs Stadion. Spaniens Mannschaft hatte ihre Ehre gerettet – und der deutschen zum Einzug ins Halbfinale verholfen ...

„Das hatte ich erwartet“, freute sich Pierre Littbarski. „Die Spanier haben toll gekämpft. Wir haben gegen Spanien gewonnen, die Engländer konnten uns nicht besiegen, also sind wir verdient unter den letzten Vier und können nun nach Sevilla fliegen statt nach Hause!“

Karl-Heinz Heimann

Abschlußtabelle Gruppe B

1. Deutschland	2	1	1	0	2:1	3:1
2. England	2	0	2	0	0:0	2:2
3. Spanien	2	0	1	1	1:2	1:3

Karl-Heinz Rummenigge über die 2. Finalrunde:

Ruhe und Entspannung, die nach dem Spanien-Spiel einkehrten, waren für den Heilungsprozeß meines Oberschenkels wichtig. Morgens ausschlafen, etwas lesen, die beruhigende Atmosphäre im Hotel „Barajas" genießen, am Swimmingpool liegen – angenehme Tage!

Obwohl ich, im Gegensatz zu einigen Kameraden, ein positives Gefühl vor dem Spiel Spanien – England hatte, kam im Laufe des Montagnachmittag doch auch bei mir leichte Nervosität auf.

Die ersten 45 Minuten des Spiels bekam ich im DFB-Behandlungsraum mit, wo gerade meine Oberschenkelmuskulatur bearbeitet wurde. Die 2. Halbzeit erlebte ich zusammen mit Bundestrainer Derwall, Professor Hess, Chefkoch Hans Damker, Hans-Peter Briegel und Wolfgang Dremmler im DFB-Gemeinschaftsraum. Dem Bundestrainer sah man an, daß ihn die innerliche Spannung mitnahm. Wir hatten uns zurückgezogen, um unter uns sein zu können und nicht von Reportern und Fans umlagert zu werden, die jede unserer Reaktionen unter die Lupe nahmen.

Doch Jupp Derwalls lauten Schrei: „Jaaa!", als unser Einzug ins Halbfinale feststand, müssen die Presse- und Fernsehleute, die auf uns warteten, selbst durch die dicke Schallpolsterung der Tür gehört haben.

Jetzt war endlich das erreicht, was wir uns als Mindestziel gesetzt hatten: unter die letzten Vier zu kommen. Jetzt war die Chance, das Endspiel zu erreichen, größer geworden.

Daß es nun auch die Engländer erwischt hatte, registrierten wir mit einer gewissen Genugtuung. Ich weiß noch, wie sehr ich mich in Gijon geärgert habe, als ich nach dem 1:2 gegen Algerien die Schlagzeile „Heil – go home!" zu Gesicht bekam. Jetzt mußten auch die Engländer, deren Coach Ron Greenwood gemeint hatte, „die Deutschen sind wir los", ihre Koffer packen.

Kein Wunder, daß wir vor lauter Freude ein bißchen herumalberten. Toni Schumacher, Uwe Reinders, Wolfgang Dremmler, Paul Breitner und ich sind noch nachts um elf Uhr, eine Viertelstunde, nachdem das 0:0 feststand, ins Wasser des Schwimmbeckens gesprungen. Und da gerade DFB-Funktionär Walter Baresel und einige Journalisten so günstig herumstanden, wurden sie im Übermut gepackt und im hohen Bogen ins angenehm warme Wasser geworfen – in voller Montur, versteht sich.

Als einziger der vier Favoriten – Argentinien, Brasilien, Spanien und Deutschland – hatten wir das Halbfinale erreicht. Wenn das kein Grund zur Freude war!

Weniger Grund zum Feiern hatten dagegen die Brasilianer. Während des Spiels – sicherlich des bis dahin schönsten und aufregendsten des gesamten Turniers – war mir das Match Italien – Deutschland 1970 in Mexiko (4:3) in den Sinn gekommen. Ähnlich aufregend ging es ja diesmal auch zu – und ähnlich dramatisch. Während des Spiels nahm ich solchen Anteil am Geschehen, daß meine Hände feucht wurden. Wie schade, daß diese hervorragende Mannschaft ausscheiden mußte! Nach vier guten und einem ordentlichen Spiel – und trotzdem draußen! Man sagt das so dahin: „Das ist WM-Los . . ."

Unter den letzten Vier gab es keinen ausgesprochenen Favoriten mehr. Die Konstellation schien günstig, denn nun war das Endspiel in Reichweite.

Mindestens so viel Respekt wie vor den technisch guten

England – Spanien 0:0, die Deutschen sind im Halbfinale. Spieler und Offizielle sind ausgelassen (Toni Schumacher und Walter Baresel „gehen baden“ unter Mithilfe von „Kalle“ Rummenigge).

Franzosen, unseren Halbfinal-Gegnern, hatten wir vor dem Sevilla-Klima. Mit dem FC Bayern hatte ich 1974 in Huelva, in der Nähe von Sevilla, schon einmal gespielt. Seither wußte ich, daß es dort durchschnittlich noch um acht Grad heißer sein kann als in Madrid. Temperaturen von 44 bis 45 Grad, die bis abends 21 Uhr nur wenig heruntergehen, sind ein guter Grund, Respekt zu bekommen.

GRUPPE C

Italien – Argentinien 2:1 (0:0)

Trotz des großen Interesses war das Stadion beim Einlaufen der Mannschaften aus Argentinien und Italien nicht restlos gefüllt. Für Cesar Luis Menotti, seine neun Weltmeister von 1978 und seine vier Junioren-Weltmeister von 1979 ging es darum, die Niederlage von Buenos Aires wettzumachen. Damals, am 10. Juni 1978, hatte Italien mit einem Treffer von Bettega Argentinien die einzige Niederlage während des gesamten Turniers beigebracht, den Titelgewinn aber nicht verhindern können.

Weil Jorge Valdano wegen einer Verletzung ausfiel (er saß nur auf der Bank), wollte Trainer Menotti Ramón Diaz einsetzen. Maradona und sein großer Clan bei dieser Weltmeisterschaft wehrten sich; sie plädierten für Gabriel Calderon. Beim Anpfiff setzte sich Menotti noch durch. Aber Diaz enttäuschte, und noch schlechter war Mario Kempes. Nichts mehr erinnerte in Spanien an den Torschützenkönig der WM 1978, an den Argentinier, der in der Verlängerung des Endspiels gegen Holland so überragend aufgetrumpft hatte.

In der 56. Minute des Spiels gegen Italien liefen sich an der Seitenlinie Calderon und Valencia warm, sie sollten Diaz und Kempes ersetzen. Da fiel die Vorentscheidung dieses Spiels: Tardelli erzielte nach einer Kombination mit Cabrini und Conti das 1:0 der Italiener. Nach seinem Tor lief der Schütze vor eine der beiden Tribünen und reckte die Arme zum Himmel empor. Alle italienischen Feldspieler stürzten sich auf den Schützen, die Traube von Leibern wuchs immer höher. Zum ersten

Gegen Algerien blieb Horst Hrubesch ohne Torerfolg, doch gleich zu Beginn des Österreich-Spiels erzielte er das Goldene Tor (unten) – wie er den Ball reinbrachte, weiß keiner so recht.

Die österreichische Mannschaft enttäuschte bei der WM arg. Oben klärt Koncilia vor dem Franzosen Tigana, unten das Freistoßtor gegen Nordirland, bei dem Platt (Nr. 17) ohne Chance ist.

Völlig unbehindert kann der Nordire Hamilton (Nr. 11) zum 2:2 ins österreichische Tor köpfen, Torhüter Koncilia war ausnahmsweise einmal schlecht postiert.

„Warum pfeifst du denn nicht?" scheint Breitner im Spiel gegen England den Schiedsrichter zu fragen. – Das Spiel der gestenreichen Proteste fand zwischen Frankreich und Kuwait statt: hier das Gegentor.

Der russische Keeper Dasajew sicherte seiner Mannschaft (hier gegen Schottland) das Weiterkommen in die 2. Runde (oben). England hatte dies schon bei seinem Sieg über die CSSR geschafft.

In den 52 Spielen der XII. Fußball-Weltmeisterschaft wurde verbissen, Mann gegen Mann, um jeden Ball gekämpft. Insgesamt war es jedoch ein ausgesprochen faires Turnier.

Elfmetersituationen im Strafraum: Oben Handspiel des Schotten Dalglish im Spiel gegen Brasilien, unten das Foul am Spanier Alonso, das zu einem umstrittenen Strafstoß führte.

Oben gibt's nur einen Freistoß (Polen – Peru), unten dafür die rote Karte für Vizek (Nr. 9, verdeckt) aus der CSSR, der den durchgebrochenen Soler bös gefoult hat.

Mal ließen die Argentinier in diesem Spiel die Köpfe hängen.

Aber dann begannen sie doch noch zu kämpfen und anzugreifen. Bis zum 0:1 hatte es mehr Catch-as-catch-can als Fußball auf dem Rasen gegeben. Sie traten, zerrten, sie rissen sich teilweise die Trikots vom Körper. Die Zuschauer pfiffen zur Pause, sie hatten von beiden Mannschaften viel mehr erwartet. Cesar Luis Menotti sprach hinterher – wieder einmal – von „Anti-Fußball". Er beschuldigte die Italiener: „Diese Weltmeisterschaft ist besser als die anderen. Alle Mannschaften sind stärker geworden – nur die Italiener nicht. Sie halten an ihrem Catenaccio fest."

Die Argentinier hatten die Fehler jedoch in den eige-

Der Argentinier Gallego (links) hat seinen italienischen Gegenspieler Oriali zu Fall gebracht, und Olguin zieht mit dem Ball davon.

Paolo Rossi, italienischer Skandalsünder, kommt nach seiner langen Sperre erst spät in Hochform. Hier scheitert er an Fillol (Argentinien).

nen Reihen zu suchen. Erst beim Stand von 0:1 wurden sie offensiv, da schmetterte Maradona in der 63. Minute einen Freistoß aus 25 Metern an die Torlatte, da traf vier Minuten später Passarella nach einem Olguin-Freistoß ebenfalls nur das Holz.

Wären in diesen beiden Momenten zwei Treffer für die Argentinier gefallen, der Weltmeister hätte das Spiel vielleicht noch herumreißen können. „Der Schiedsrichter war schwach in dieser Begegnung", wurde hinterher von den Argentiniern geklagt. Vor allem Vorstopper Gentile erlaubte sich gegen Maradona eine Unmenge

Fouls. Der rumänische Schiedsrichter Rainea, der das Geschehen nicht in den Griff bekam, erteilte allerdings Verwarnungen an Gentile und Rossi auf italienischer, an Maradona, Kempes und Ardiles auf argentinischer Seite. In der 85. Minute stellte er den Argentinier Gallego nach einem bösen Foul an Tardelli vom Platz. Vorher aber hätte auch Gentile die rote Karte verdient gehabt.

Das Spiel war entschieden, als Cabrini in der 68. Minute nach einer Sololeistung von Rossi einen Abpraller am herausgelaufenen Fillol verwandeln konnte. Die Gesichter der Argentinier auf der Tribüne versteinerten, Freudentänze führten Italiener und Brasilianer auf den Zuschauerrängen auf. Alle wußten: Der Weltmeister ist k. o.! Hinterher kullerten dem kleinen Maradona die Tränen herunter...

Auch das Freistoßtor von Passarella in der 84. Minute, als er eine Verwirrung der Italiener (ihre Mauer war noch nicht richtig gebildet) aus 24 Metern ausnutzen konnte, änderte nichts mehr.

„Wir haben uns bei dieser Weltmeisterschaft Schritt für Schritt gesteigert“, freute sich Enzo Bearzot, der italienische Trainer. „Unser Sieg war verdient.“ Die Weltpresse ging mit „Argentina '82“ hart ins Gericht: „1978 war die Mannschaft viel besser. Ihr Spiel ist zu sehr in die Mitte verlagert. Da fehlen neue Ideen!“

Claus Mittenzwei

Brasilien – Argentinien 3:1 (0:1)

Jetzt ging es für den (noch) amtierenden Weltmeister um alles oder nichts: „Wir spielen gegen die beste Mannschaft der Welt!“ Resignation klang vor dem großen südamerikanischen Duell aus den Worten von Osvaldo Ardiles. Der emsige argentinische Mittelfeldmotor, der bei diesem Turnier die konstantesten Leistungen in seiner Mannschaft brachte, wollte erfolgreich Abschied aus der Nationalmannschaft nehmen – wie so viele seiner Kollegen. Nach zwei Niederlagen, 0:1 im Eröffnungsspiel gegen Belgien, 1:2 im 1. Zwischenrundenspiel gegen Italien, hätte nun der große Turnierfavorit besiegt werden müssen. Die Spannung vor dem Treffen war groß.

Die Kontrollen an allen Stadioneingängen waren verstärkt worden. Erstmals wurde in Barcelona ein ausverkauftes Haus erwartet. Tatsächlich erlebten auch 44000 von den Brasilianern begeisterte Fans bei 35 Grad im Schatten und bewölktem Himmel dieses Treffen mit.

Dreimaliger Weltmeister Brasilien kontra Titelverteidiger Argentinien!

Das 1:0 in der 12. Minute. Eder hatte einen von Passarella am durchgebrochenen Serginho verwirkten Freistoß aus 30 Metern genau aufs Tor geschossen. Fillol konnte den Ball nicht fangen – mit den Fäusten lenkte er ihn an die Latte. Von dort sprang er Zico vor die Füße, der ebenfalls herbeigeeilte Serginho kam nicht mehr heran – Tor! Ein so blitzschnelles Handeln der Brasilianer hatten die Argentinier nicht erwartet. Staunend standen sie dabei.

Mit wenigen eleganten Aktionen bewiesen die Brasilianer, welch große Mannschaft sie sind. Förmlich aus dem Stand konnten sie das Spiel entscheiden. Sie explodierten am Ball! Da vermochte jeder in die Aufgabe des anderen zu schlüpfen, deshalb war diese Mannschaft auch bis zum Argentinien-Spiel so wenig auszurechnen gewesen, deshalb hatte sie noch keinen Punkt abgeben müssen.

Tor Nummer 2 in der 68. Minute: Die Argentinier warteten auf den Abseitspfiff des Schiedsrichters, wieder einmal waren sie in die eigene Abseitsfalle getappt. Falcao hatte Socrates auf die Reise geschickt, die Flanke

Durch die Hände von Fillol spitzelt Brasiliens Zico den Ball zum 1:0 gegen Argentinien ins Netz, rechts Serginho. Voraufgegangen war ein Lattenschuß von Eder.

verwandelte der so ungelenk wirkende Serginho mit dem Kopf – 2:0.

Und das 3:0: Nach einem Traumpaß von Zico war Junior in der 74. Minute erfolgreich. Eigentlich als Verteidiger aufgestellt, gehörte Junior schon vor diesem Spiel zu den Besten des gesamten Turniers. Auf die Frage nach seinem Star dieser Weltmeisterschaft hatte Argentiniens Verteidiger Alberto Tarantini in einem Interview mit „dpa“ bereits in der Vorrunde auf Junior getippt.

Beim Abpfiff hatten die Statistiker zwar 11:0 Ecken für die Argentinier gezählt und einen Treffer von Diaz aus 20 Metern in der 89. Minute, aber die Vorteile der Brasilianer überwogen sehr stark. Sie waren die eindeutig bessere Mannschaft.

Der Weltmeister war tot – es lebe der Weltmeister!

3:1 gewannen die Brasilianer. Hatten die 44000 den alten und gleichzeitig den neuen Weltmeister erlebt? Alle waren beim Abpfiff des mexikanischen Schiedsrichters Mario Rubio Vasquez davon überzeugt. Der 45 Jahre alte Offizier griff in dem Kampf durch. Er erteilte vier Verwarnungen (an Argentiniens Kapitän Passarella, an die Brasilianer Perez, Batista und Socrates). Und der Mexikaner stellte Diego Armando Maradona vom Platz . . .

Das war in der 84. Minute. Der Sieger stand schon fest. Im Mittelfeld hatte Batista den Argentinier Barbas gefoult. Das Spiel ging weiter, da trat Maradona den Brasilianer mit dem linken Fuß in den Bauch. Der Schiedsrichter zögerte nicht, er zeigte die rote Karte. Maradona lief gesenkten Hauptes vom Platz. Diego wurde zermürbt. Maradona hatte sich seinen ersten Auftritt auf der Weltmeisterschafts-Bühne ganz anders

Argentiniens Ramon Diaz (rechts) schießt auf das gegnerische Tor, Falcaos Grätsche kommt zu spät.

vorgestellt. Er glaubte (alle seine Berater hatten es ihm immer wieder gesagt), er sei schon „El Crack“, der ganz große Star. Jetzt war die Weltmeisterschaft für ihn und Argentinien nach den Toren von Zico, Serginho und Junior zu Ende, als großer Star dieser Weltmeisterschaft würde ein anderer gefeiert und geehrt werden.

Was war dem Kleinen geblieben? Nichts. Nur Hohn, Spott und Kritik bekam er zu hören. Da trat er zu. Er traf nicht den Ball, sondern einen Brasilianer. Maradona konnte, er wollte nicht mehr. Vielleicht war die Kurzschlußhandlung der Ausgleich aller Unzufriedenheit mit sich und der Welt. Dabei hatte er als Mittelfeldspieler in der 2. Halbzeit gezeigt, welch technisch erstklassiger Fußballspieler er tatsächlich ist. Menotti hatte Ramon Diaz in die Angriffsmitte gestellt, Maradona konnte aus den hinteren Reihen, nicht mehr so eng bewacht wie in den ersten 45 Minuten, mit seinen genauen Pässen und mit Tricks die Zahl der kleiner gewordenen Schar seiner Freunde begeistern.

In der 2. Halbzeit zeigte sich aber auch, daß die Argentinier bei dieser Weltmeisterschaft keine schußstarken Stürmer hatten. Die besten Szenen vor Brasiliens

Nach einem üblen Foul am Brasilianer Battista erhält Argentiniens Wunderknabe Maradona die rote Karte; die Proteste von Kapitän Passarella (Nr. 15) und Ardiles sind vergebens.

Tor hatte Passarella, der sich in geschickter Ergänzung mit Galvan den Posten des Liberos teilte. Immer wieder stürmte Passarella nach vorn, schoß und köpfte den Ball. Ein Tor erzielte er nicht.

Drei Tore durch Zico in der 12., Serginho in der 68. und Junior in der 74. Minute, Platzverweis für Maradona – der Gegentreffer durch Diaz in der 89. Minute zählte da kaum noch. Die Argentinier wurden deutlich geschlagen, die Urteile südamerikanischer Experten schon vor dem Turnier bestätigten sich: „Die Argentinier spielen hier nicht zu Hause. In Barcelona gehören ihnen zwar viele Sympathien, aber Vorteile wie in Buenos Aires haben sie nicht ..." *Claus Mittenzwei*

Brasilien – Italien 2:3 (1:2)

Vor der Zwischenrunde wurden die Italiener in Gruppe C als „Zünglein an der Waage" bezeichnet. Selbst die bekanntesten Experten waren der Meinung: „Der Gruppenendstand wird wahrscheinlich durch die Höhe der Siege von Titelverteidiger Argentinien und dem ehemaligen Weltmeister Brasilien gegen die Squadra Azzurra bestimmt."

Und dann kam alles anders. Nach dem 2:1 gegen die Argentinier bezwangen die Italiener in einem berauschenden und 90 Minuten lang an Höhepunkten sehr reichen Spiel auch die bisherige „Ausnahmemannschaft des Turniers". Von Pelé über Dettmar Cramer bis zum DFB-Beobachter Holger Osiek aus dem Trainerstab von Jupp Derwall waren sich im Hexenkessel von „Sarria"

Held im Spiel Brasilien gegen Italien war der dreifache Torschütze Paolo Rossi, der hier das 1:0 erzielt (im Hintergrund Falcao und Junior).

Aus kurzer Distanz zu Torhüter Perez erzielt Rossi seinen dritten Treffer und sichert damit seiner Mannschaft den Einzug ins Halbfinale – Brasilien ist sensationell ausgeschieden!

Da war Dino Zoff geschlagen: Brasiliens Mannschaftskapitän Socrates schaffte den 1:1-Ausgleich im Spiel gegen Italien, einem der spannendsten Matchs der WM-Endrunde.

alle einig: „Wir haben das spannendste, wir haben das beste Spiel des gesamten Turniers miterlebt!"

Das Spiel hätten 100000 und mehr Fußballfreunde erleben müssen. Aber nur 44000 gingen in das kleine Stadion von Español Barcelona hinein. Sie wurden für so manche schwache Leistung in den vorangegangenen Wochen entschädigt.

Wie immer gingen die Italiener energisch zur Sache. Aber Gentile, der Maradona so bös gefoult hatte, bekam Brasiliens „weißen Pelé" Zico nicht in den Griff. Dennoch siegten die Italiener. Gewinner war fast allein Paolo Rossi, den man in Italien das „Engelsgesicht“ nennt. Ursprünglich drei Jahre wegen angeblich „verschobener Spiele“ gesperrt, hatte ihn der italienische Verband im April dieses Jahres begnadigt. Und Rossi bedankte sich im Spiel gegen die Brasilianer. Dreimal sorgte der 25 Jahre alte Mittelstürmer vom italienischen Rekordmeister Juventus Turin für die italienische Führung: zum 1:0 in der fünften Minute auf Flanke von Cabrini, zum 2:1 in der 25. Minute, als er in einen Fehlpaß von Toninho Cerezo hineinlief, zum 3:2 in der 75. Minute, als er erneut einen Abwehrfehler ausnutzen konnte. Nach der ersten italienischen Ecke, von Conti getreten, war der Ball von Cabrini zu Rossi gespielt worden.

Die Tausende von brasilianischen Schlachtenbummlern auf den Zuschauerrängen waren sehr ruhig geworden. Pausenlos hatten bis zu diesem Treffer die Sambatrommeln gedröhnt, nun lähmte es ihren Trommlern die Arme. Mit soviel Widerstand, einem so glanzvollen Spiel der Italiener, so effektvollen und schnellen Konterattakken hatte an diesem Nachmittag keiner gerechnet.

Die Brasilianer fanden nur zweimal Gelegenheit zum großen Jubel: In der 13. Minute nach dem 1:1 durch Socrates, der allein auf Rechtsaußen durchgegangen war und auf Zoff zulief. Italiens Kapitän (und mit 40 Jahren der älteste Spieler bei diesem Turnier) erwartete eine Flanke. Aber Socrates zielte ins kurze Eck, erwischte Zoff auf dem „falschen Fuß“ und hatte den Ausgleich geschafft.

Wie der Siegestreffer wurde in der 68. Minute der Ausgleich durch Falcao auf Zuspiel von Junior zum 2:2 gefeiert. Ein Unentschieden hätte aufgrund des Torverhältnisses den Brasilianern gereicht, das Halbfinale zu schaffen. Die Italiener mußten deshalb weiter alles auf eine Karte setzen.

Doch zurück zum großen Spiel in „Sarria“. Beide Mannschaften hatten noch zahlreiche Chancen, die vor allem von den Brasilianern unkonzentriert vergeben wurden. Die an diesem Tag gereizte Stimmung wurde den Zuschauern deutlich, als Zico die eigene Abwehr nach dem zweiten Treffer von Rossi beschimpfte, als Junior sich in laute Dispute mit seinen Kollegen einließ.

Die Brasilianer wurden entzaubert. Italiens Trainer Enzo Bearzot, der seit Monaten mit einem Teil der italie-

So verschiedenartig kann sich Angst ausdrücken! Brasiliens Spieler Eder jagt einen Freistoß in die italienische Mauer.

Das Foto beweist es: Dino Zoff hat den Kopfball von Socrates (rechts) eindeutig vor der Torlinie gehalten. Der brasilianische Kapitän jubelt zu früh.

nischen Medien in Fehde lag und auch in Spanien noch Differenzen austragen mußte, stürzte nach dem Abpfiff des souveränen israelischen Schiedsrichters Abraham Klein auf das Spielfeld. Juve-Vorstopper Claudio Gentile umarmte seinen Trainer so heftig, daß dessen Goldrand-Sonnenbrille völlig verbogen und unbrauchbar wurde. Bearzot störte das an diesem Tag nicht. Er strahlte, triumphierend blickte er zum Block der italienischen Reporter auf der Tribüne hinauf. Mit Brasiliens Trainer

Tele Santana traf Bearzot auf dem Gang zur Pressekonferenz zusammen. Beide umarmten sich, und Bearzot sagte zu seinem Kollegen: „Ihr habt eine riesige Mannschaft.“ Der Brasilianer gab das Kompliment zurück: „Aber ihr seid an diesem Tag besser gewesen.“

Claus Mittenzwei

Abschlußtabelle Gruppe C

1. Italien	2	2	0	0	5:3	4:0
2. Brasilien	2	1	0	1	5:4	2:2
3. Argentinien	2	0	0	2	2:4	0:4

GRUPPE D

Österreich – Frankreich 0:1 (0:1)

Beginn der 2. Finalrunde, Stadion Vicente Calderon in Madrid. Die von vielen vor der Weltmeisterschaft als „ernsthafte“ Phase diese Turniers bezeichnete 2. Finalrunde wurde von zwei Teams eröffnet, die zwar gehofft hatten, noch dabeizusein, davon aber nicht von vornherein ausgehen durften: Frankreich und Österreich.

Beide Mannschaften hatten in der 1. Finalrunde enttäuscht, hatten nicht zu der Form und Spielweise gefunden, die sie vor Beginn der Weltmeisterschaft ausgezeichnet hatten. Und beide Trainer Georg Schmidt ebenso wie Michel Hidalgo, hatten dafür denselben Grund gefunden: Die Fans zu Hause – in Spanien repräsentiert durch die Presse. Beide Trainer hofften das gleiche, wenn sie es auch in verschiedenen Sprachen unterschiedlich ausdrückten: „Die Qualifikation für die 2. Finalrunde wurde von unseren vielen Fans zu Hause wie selbstverständlich erwartet. Deshalb waren unsere Spieler im ersten Teil der Weltmeisterschaft verkrampft und haben nicht so gespielt, wie sie es können. Aber das wird sich ab sofort ändern.“

Bei weit über 30 Grad Celsius begannen die Österreicher ihr Spielchen auf dem Rasen wie gegen Deutschland: erst einmal hinten den Ball im Dreieck sich gegenseitig zuschiebend. Doch der Gegner war ein anderer – er machte das Spielchen nicht mit. Welche Überraschung, als Soler plötzlich dazwischenspritzte und sich den Ball erlief, den Hattenberger und Degeorgi sich gerade zuschieben wollten!

Überhaupt – dieser Soler! Hätte er doch nicht versucht, Pierre Littbarski zu imitieren! Dreimal stand der Rechtsaußen der Franzosen, der auch auf der linken Seite spielen kann, allein vor Friedl Koncilia. Einmal knallte er den Ball an den Pfosten; das war Pech. Aber zweimal wollte er ein Tor erzielen, indem er den Ball als Bogenlampe über den Torwart hob, und beide male scheiterte Soler.

Da auch die anderen Stürmer Didier Six und Dominique Rocheteau trotz bester Möglichkeiten, vor allem für den letzteren, nicht trafen, blieb es bei einem hochverdienten, aber mageren 1:0-Sieg der Franzosen, den Genghini, der vom FC Sochaux zu AS St. Etienne gewechselt ist, um dort Michel Platini zu ersetzen, in der 40. Minute durch ein Freistoßtor sicherte. Die Österreicher schienen zu denken, nur Michel Platini, der wegen eines schmerzhaften „Pferdekusses" aus dem CSSR-Spiel fehlte, könne bei den Franzosen Freistöße schießen. Weit gefehlt! Genghini zirkelte den Ball so genau ins rechte Dreieck, daß er vom Innenpfosten ins Tor sprang. „Ehrlich, ich glaubte nicht, daß er reingehen würde", sagte der Schütze nach dem Spiel. Die Abwehrmauer rückte immer näher, und deshalb mußte ich den Ball sehr hoch heben. Ich war überrascht, daß er so genau paßte." Und Österreichs Torwart Koncilia meinte zur selben Situation: „Fast war ich mit der Hand noch dran, aber der war zu genau geschossen!"

Die Österreicher konnten sich wieder einmal bei ihrem Torwart bedanken, daß es nur eine 0:1-Niederlage gegeben hatte. Wie oft verhinderte er in diesem Match reaktionsschnell ein Gegentor! Seine größten Taten: In der 76. Minute lenkte er einen satten Schuß, den Six aus

18 Metern abgezogen hatte, über die Latte, und in der 62. Minute, als Rocheteau einen Einwurf (!) von Welzl erlaufen hatte, nahm Koncilia dem Franzosen , der vor ihm stand, den Ball vom Fuß!

Nein, die Österreicher rehabilitierten sich wirklich nicht in diesem ersten Spiel der 2. Finalrunde. Müde und ausgelaugt schlichen sie über den Platz – unfähig, um den Ausgleich zu kämpfen. Dabei hatte Frankreichs Torhüter Ettori in den Anfangsminuten Schwächen verraten, als er keinen Schuß und keine Flanke festhielt. Aber die Österreicher waren so kaputt, daß sie diese Schwäche nicht ausnutzen konnten.

Neben Koncilia, wieder einmal dem Besten, mühten sich noch Hattenberger und Hintermaier redlich, Linie ins müde Spiel zu bringen. Vergeblich. Resignierend hob Kurt Jara, eine Halbzeit mit von der Partie, bei seiner WM-Premiere Mitte der 1. Halbzeit die Hand: „Wo soll ich den nur hinspielen?“ drückte die Geste aus. Niemand bot sich an, lief sich frei. Schachner kam zwei-, dreimal zum Schuß, traf aber das Tor nicht. Und Krankl, der in die Jahre gekommene Torjäger, stand nie so frei wie bei seinem Treffer gegen die Algerier und hatte deshalb auch nie die Chance, ein Tor zu schießen.

Die Franzosen waren mit einer total offensiven Einstellung in dieses wichtige Spiel gegangen. Trainer Hidalgo hatte drei Sturmspitzen aufgeboten, dazu noch drei Spieler im Mittelfeld, die in ihren Vereinen nur offensive Rollen innehaben. Die Taktik erwies sich als Volltreffer. Zwar hätte ein konsequenter Gegner die französische Schwäche in der Deckung ausgenutzt, nicht aber die Österreicher an diesem Tag. Im Mittelfeld durften sie schalten und walten, wie sie wollten, und brachten doch nichts zustande. Trainer Schmidt nach dem Abpfiff: „Wir hatten gedacht, das Mittelfeld sei unser Trumpf. Doch da bringt kein einziger Spieler seine normale Form."

Die brachten hingegen die Franzosen. Star des Nachmittages war der dunkelhäutige Jean Tigana. Der 27jährige Mittelfeldspieler von Girondins Bordeaux schlängelte sich und den Ball mit katzenhafter Gewandtheit an den Gegnern vorbei. Gegen die geschmeidigen Körpertäuschungen Tiganas wirkten die Abwehrversuche von

Nach einem Freistoß von Genghini landet der Ball zum 1:0 für Frankreich im Netz, der österreichische Keeper Koncilia sucht Trost am Pfosten.

Hattenberger und Pezzey ungelenk, klobig. „Dieser Tigana ist kein Franzose. Der muß Brasilianer sein!“

Nur schießen, schießen müßte er noch können, dieser Teufelskerl Tigana! 1:0, das ist zwar ein Sieg, aber ein knapper. Und in der 2. Finalrunde, wo jedes Team nur zwei Spiele hat, kann das Torverhältnis noch entscheidender sein als in der ersten, wo es auch schon manchen Mannschaften zum Weiterkommen verholfen hat.

Solche Überlegungen stellten die Franzosen erst viel später an. Noch waren sie im Siegestaumel. Bei den Österreichern aber kehrte Ernüchterung ein. „Wir haben vorher geglaubt, genauso stark zu sein wie Nordirland und Frankreich, haben gehofft, in dieser leichtesten aller vier Gruppen ins Halbfinale kommen zu können,“ sagte Trainer Schmidt. „Wir haben uns geirrt und müssen nun in Ruhe nach den Ursachen forschen.“ Und Torhüter Koncilia meinte naiv: „Wir sind mit schlechten Spielen in die 2. Finalrunde gekommen. Das ist doch auch ein Erfolg, oder?“

Derweil dachte Frankreichs Trainer Hidalgo schon an den nächsten Gegner, an Nordirland: „Ich glaube nicht, daß es noch einmal so einfach wird. Wir haben das Halbfinale noch lange nicht erreicht. Ich bin skeptisch.“

Immerhin aber hatten die Franzosen sechs Tage Zeit, sich von den Strapazen zu erholen. Österreich hingegen mußte drei Tage später zur nächsten Hitzeschlacht antreten. Gegen die Nordiren würde nur ein hoher Sieg die theoretischen Chancen auf den Gruppensieg erhärten. Wer aber sollte für Österreich die Tore schießen?

Rainer Kalb

Österreich – Nordirland 2:2

In Madrid war man gespannt, wie sich die Fußballer aus Nordirland in der 2. Runde aus der Affäre ziehen würden. Die Nordiren waren wohl selber am meisten überrascht, daß sie ihre Koffer nicht vorzeitig packen mußten.

Als erstes mußte die nordirische Delegation in Madrid auf Hotelsuche gehen. „Das erste Quartier behagte uns nicht, weil es viel zu laut war, und so zogen wir nach einer Nacht wieder aus“, erzählte Kapitän Martin O'Neill, der im übrigen gegenüber der spanischen Presse klar dementierte, daß bei seiner Mannschaft der Bierverbrauch weit größer sei als der Trainingsaufwand: „Natürlich haben wir nach dem Sieg gegen Spanien etwas gefeiert, aber es blieb im Rahmen. Von ‚Alkoholleichen‘ und dergleichen, wie dies in spanischen Gazetten zu lesen war, kann nicht die Rede sein!“

Dem Spiel gegen Österreich sah man im nordirischen Lager mit sehr viel Zuversicht entgegen. „Wir haben das Glück, daß wir als Gruppenerster in die schwächste Gruppe der 2. Runde kamen. Sowohl Österreich wie auch Frankreich liegen durchaus im Bereich unserer Möglichkeiten“, meinte Mittelfeldstratege Sammy McIlroy.

Trainer Bingham sah sich veranlaßt, sein Team gegen Österreich auf zwei Positionen zu verändern. Pat Jennings, mit seinen 32 Jahren der Team-Älteste der Nordiren, spürte wieder seine alte Verletzung und mußte den Torwartposten an James Platt abgeben. Die zweite Änderung gegenüber der Aufstellung gegen Spanien betraf den Linksverteidiger Mal Donaghy, der in Valencia wegen eines harmlosen „Schubsers“ vom Platz gestellt und automatisch für die erste Begegnung der 2. Runde suspendiert worden war. Für ihn kam Sammy Nelson, ein weiterer „Fremdenlegionär" aus England, zum Einsatz.

Weit aufregender und gespannter war das Klima bei den Österreichern vor ihrem zweiten Einsatz in der 2. Finalrunde. Teamchef Georg Schmidt hatte nach der mäßigen Leistung seiner Schützlinge gegen Frankreich angedroht: „Ich werde mein Team radikal umstellen. Ich bin von einigen meiner Spieler bitter enttäuscht worden, jetzt drängen sich die Umstellungen auf."

Und Schmidt hielt Wort. Er ließ Stars wie Krankl, Jara und Hintermaier pausieren und brachte mit Jurtin, Pregesbauer und Hagmayr drei WM-Neulinge ins Team.

Nur rund 20 000 Zuschauer verloren sich im Stadion Vicente Calderon, um dieses Spiel zu verfolgen. Sicherlich war das eine Quittung für das bisherige schlechte Abschneiden der Österreicher im WM-Turnier. Schuld daran war aber sicherlich auch die Hitze, die an diesem ersten Julitag die spanische Metropole „überfiel". Im Schatten wurden 38 Grad gemessen, und in der Sonne schoß das Thermometer auf tropische 50 Grad. „Es ist eine Strafe, bei solchen Temperaturen Fußball spielen zu müssen", stellte Bruno Pezzey vor dem Anpfiff lakonisch fest.

Aber das Spiel begann wider Erwarten gut. Die Österreicher führten die feinere Klinge, waren in der ersten halben Stunde auch die tonangebende Mannschaft, aber sie stießen auf ein britisches Team, das mannschaftlich sehr geschlossen wirkte und durch sein einfaches, schnörkelloses Spiel zu gefallen wußte.

Die Nordiren waren immer dann gefährlich, wenn sie

aus der Tiefe mit schnellen Kontern operierten und der österreichischen Abwehr viel Probleme aufgaben. Ein solcher Gegenangriff führte in der 28. Minute zum ersten Tor der Begegnung: Kapitän O'Neill, ein ballstarker Rackerer, setzte sich auf der rechten Seite elegant gegen Hagmayr und Obermayer durch, flankte hoch zur Mitte, wo Hamilton hochstieg und das Leder am machtlosen Koncilia vorbei zum 1:0 in die Maschen köpfte.

Beinahe wäre den Nordiren kurz vor dem Halbzeitpfiff sogar noch der zweite Treffer gelungen, aber Mittelstürmer Armstrong fand nach einem brillanten Solo keine Kraft mehr zu einem erfolgreichen Torabschluß.

Nach dem Wechsel schien das österreichische Team wie verwandelt. Die neu eingewechselten Spieler Hin-

Der Nordire Hamilton erzielte im Spiel gegen Österreich beide Treffer: hier sein wichtiger Kopfstoß zur 1:0-Führung, den Koncilia passieren lassen muß.

termaier und Welzl brachten viel mehr Offensivwirkung und schnürten die Nordiren in ihrer Hälfte ein.

In der 50. Minute schien der Ausgleichstreffer fällig zu sein. Schachner, einer der Aktivposten im Austria-Team, schloß einen gelungenen Angriff der Österreicher mit einem trockenen Schuß ab, doch der Ball kullerte vom rechten Innenpfosten an der Torlinie entlang und wurde schlußendlich von McClelland zum Eckball befördert. Dieser wurde von Prohaska flach zur Mitte gegeben, von Baumeister direkt in Richtung Tor befördert, wo Pezzey das Leder mit dem Absatz ins Tor beförderte.

„Dies ist bereits mein drittes Hackentricktor, das ich für die österreichischen Farben erzielt habe", lachte der Fremdenlegionär aus Frankfurt nach dem Match. Nun war wieder Leben im Spiel der Österreicher. Schachner hatte wenige Minuten danach das 2:1 auf dem Fuß, wurde aber vom aufmerksamen DDR-Schiedsrichter Prokop wegen Abseitsposition zurückgepfiffen.

Die Nordiren schienen stehend k. o. zu sein. Angriff auf Angriff rollte auf das Tor von Ersatzmann Platt, der seine Sache gut machte. In der 67. Minute wurde die Angriffslust der Österreicher mit dem zweiten Tor belohnt: Prohaska wurde zwei Meter außerhalb des Strafraums zu Fall gebracht, und der „Nürnberger" Hintermaier schmetterte den Freistoßball wuchtig am regungslosen Platt vorbei in die rechte obere Torecke, ein Bombentor!

Jetzt hätten die Schützlinge von Georg Schmidt es in der Hand gehabt, das Spiel mit einem dritten Treffer endgültig zu entscheiden. Doch langsam machte sich der Kräfteverschleiß bemerkbar, die Hitze wurde zur Unerträglichkeit. Eine knappe Viertelstunde vor Schluß stand es auf der elektronischen Anzeigetafel 2:2.

Ein Steilpaß von „Stehaufmännchen“ Armstrong wurde von der österreichischen Verteidigung fatal abgefälscht. Jimmy Nicholl kam vor dem herausstürzenden Koncilia an den Ball, flankte auf die Fünfmeterlinie, wo wiederum Linksaußen Billy Hamilton mit dem Kopf den Ausgleich herstellte. Hamilton, mit seinen beiden Toren der gefeierte Nordire nach dem Spiel, meinte: „Bis jetzt habe ich in 15 Länderspielen nur zwei Tore erzielt, und jetzt gegen Österreich dieser Doppelschlag! Ich bin überglücklich.“

Die letzten zehn Minuten verliefen beinahe ereignislos. Bei jeder Unterbrechung griffen die 22 verschwitzten Akteure zur Wasserflasche und waren glücklich, als der erlösende Schlußpfiff zu hören war. Sowohl die Österreicher wie auch die Nordiren waren mit ihren Leistungen zufrieden. „Wir haben nach der Pause gezeigt, daß wir auch Fußball spielen können. Ich bin froh, daß wir uns mit dieser Leistung dennoch teilweise rehabilitiert haben“, meinte Bundestrainer Georg Schmidt.

Auch Walter Schachner war mit sich zufrieden. „Wir hätten nach dem 2:1 den Sieg nicht mehr verschenken dürfen. Wir hatten in diesem Spiel mehr Torchancen als während der ganzen vorherigen WM-Begegnungen.“

Österreich hatte sich mit fliegenden Fahnen von der WM verabschiedet. Die spanische Presse sprach zwar von einem mittelmäßigen Spiel, erteilte aber sämtlichen Spielern in Anbetracht der großen Hitze gute Noten.

Auch Billy Bingham war mit dem Unentschieden zufrieden: „Unsere Chancen auf einen Halbfinalplatz sind nach wie vor intakt. Wer Spanien geschlagen hat, kann ohne weiteres auch die Franzosen besiegen.“ Der nordirische Teamchef lobte vor allem die hervorragende kämpferische Einstellung von Armstrong und O'Neill und fand auch positive Worte für Norman Whiteside, den jüngsten Spieler der Weltmeisterschaft. „Norman hat heute wiederum gezeigt, daß er einmal ein Großer werden kann. Natürlich fehlt es dem 17jährigen Greenhorn noch an Erfahrung, aber er hat seine Sache gut gemacht."

Glückliche Gesichter sah man auch bei der französischen Nationalmannschaft, die das Spiel auf der Tribüne verfolgt hatte. „Jetzt sind wir mit einem Unentschieden im Halbfinale! Das müßte zu schaffen sein", meinte Trainer Michel Hidalgo strahlend.

Peter S. Brandenberg

Nordirland – Frankreich 1:4 (0:1)

Draußen, 40 Kilometer vom Glutofen Madrid entfernt, da, wo auf halber Höhe einer Bergkette unweit voneinander die Engländer, Spanier und Franzosen ihr Trainingscamp für die 2. Finalrunde aufgeschlagen hatten, weil ein kühler Wind die Hitze ein wenig linderte, trat Didier Six, der Franzose, der für den VfB Stuttgart spielt, unwillig gegen einen Stein. „So ein Mist", schimpfte er. Von Journalisten hatte er erfahren, daß er beim letzten Spiel der 2. Finalrunde nur Ersatzmann sei. „Ich habe die Nordiren doch gegen Österreich gesehen. Ihre Abwehr ist löchrig. Also werden Soler und Rocheteau glänzen, und für mich ist die WM beendet!"

Mit einem hatte Six in seiner Vorab-Analyse recht: Dominique Rocheteau glänzte. Zwei Tore schoß der

Zwei Franzosen entschieden mit ihren Toren das Spiel gegen Nordirland: Rocheteau (Mitte) und der quirlige Giresse, der hier zum 1:0 einschießt.

Rechtsaußen, der bei seinem Heimatverein Paris St. Germain ebenfalls in der Mittelstürmerposition spielt, beim 4:1-Sieg der „Tricolores" über die sich tapfer gegen die Niederlage stemmenden Nordiren. Und zwei weitere Tore hatte der sensible, introvertierte Rocheteau auf dem Fuß beziehungsweise am Kopf gehabt – doch beim ersten Mal wollte er Nordirlands Torwart Jennings lächerlich machen, aber der hielt den sanft geschobenen Ball, und beim zweiten Mal strich sein Kopfball nach einer Flanke von Bossis knapp am Tor vorbei.

Dennoch: Dieser Sonntag war der Tag des 27jährigen

Rocheteau. „Gegen England war ich schlecht gewesen, danach verletzt, gegen Österreich habe ich noch nicht so recht gewußt, wann ich den Ball abspielen muß, aber heute – heute hat alles geklappt!" freute sich Rocheteau nach dem Abpfiff.

Auch die Nordiren waren vor dem „Viertelfinale", in dem sie die etwas schwierigere Ausgangsposition hatten, weil sie gewinnen mußten, während den Franzosen ein Unentschieden zum Erreichen des Halbfinales gereicht hätte, optimistisch gewesen. Frankreich hatte vor nicht allzu langer Zeit Nordirland in einem Freundschaftsspiel 4:0 besiegt, was den Trainer des Teams von der Grünen Insel, Billy Bingham, zu dem Ausspruch verführte: „Wir haben damals mehr von den Franzosen gelernt und über sie erfahren als umgekehrt. Das wird uns nützen."

Es nützte nichts. Die Nordiren, die wieder auf ihren Stammtorwart Jennings zurückgreifen konnten und ansonsten die Mannschaft aufboten, die Österreich ein 2:2 abgerungen hatte, begannen vor 30000 Zuschauern im Stadion Vicente Calderon – dem „kleinen" Stadion von Madrid – bei 30 Grad Hitze die Partie sehr defensiv. Erst wenn die Franzosen sich dem Strafraum auf zehn Meter genähert hatten, griffen sie den Favoriten an.

Schon in den Anfangsminuten zeigte sich, daß die Franzosen die technisch bessere Mannschaft waren. Nordirland glich dieses Manko durch Löwenmut und -einsatz aus. Die Spieler im weißen Hemd und grüner Hose hofften auf Kontermöglichkeiten. Die gab es auch.

Wenn er am Ball war, drohte höchste Gefahr: Dominique Rocheteau, zweifacher Torschütze gegen Nordirland, bei seinem 3:0; David McCreery kommt zu spät.

Aber ein Schuß von Whiteside, der mutterseelenallein mit einer Kopfball-Vorlage von Armstrong davongelaufen war, strich knapp am langen Pfosten vorbei. C. Nicholl donnerte nach einem Freistoß den Ball auf Frankreichs Gehäuse, doch Amoros warf sich in den Schuß. Und dann, in der 24. Minute, wurde ein Tor von H. O'Neill vom polnischen Schiedsrichter Jarguz nicht anerkannt, weil der Nordire im Abseits gestanden hatte.

Nach diesem Warnschuß änderten die Franzosen ihre Taktik. Bis dahin hatten sie, bei aller Brillanz, viel zu engmaschig kombiniert. Linksaußen Soler, der in der 2. Halbzeit Didier Six weichen mußte, trieb sich meist in der Mitte herum, wo er Platini den Raum nahm; Platini, gegen Österreich wegen einer Blessur nicht dabeigewesen, operierte als vierter Mittelfeldspieler vor der Dreierkette Tigana–Giresse–Genghini. Platini, der in der neuen Saison zusammen mit dem Polen Boniek für Juventus Turin spielen wird, hat sein bestes Jahr hinter sich. Vor allem kämpferisch hat er sich enorm verbessert, was er auch gegen die Nordiren unter Beweis stellte.

Früher hatte das Spiel der Franzosen daran gekrankt, daß Platini alles allein machen wollte und deshalb im Mittelfeld fast jeden Ball für sich reklamierte. „Platini ausschalten – und das französische Spiel ist erstickt", war deshalb oft die Parole gegnerischer Trainer gewesen. Aber im Spiel gegen Österreich hatten Tigana, Giresse und Genghini bewiesen, daß auch jeder von ihnen jeweils andere herausragende Fähigkeiten hat. Das Selbstbewußtsein der drei war gestiegen. Und weil auch Trainer Michel Hidalgo ihnen in der letzten Mannschaftssitzung Mut gemacht hatte („In unserem Spiel trägt jeder Verantwortung, nicht nur ein einzelner!"), gaben sie gegen Nordirland nicht automatisch jeden Ball an Platini weiter. So wurde das französische Spiel variantenreicher, konnte die Gefahr an jeder Ecke entstehen.

Das 1:0 wurde trotzdem durch den Kapitän der Franzosen, durch Platini, vorbereitet. Unwiderstehlich trat er am rechten Strafraumeck an, ließ zwei, drei Nordiren stehen und paßte von der Torauslinie zurück in den Strafraum. Da stand Alain Giresse, der neue Mannschaftskamerad von Dieter Müller und Caspar Memering. Unbehindert nahm Giresse den Ball an, schaute, wo im Tor Platz war, und schob das Leder ins Netz. Ein wunderbarer Treffer!

In der 69. Minute gab „Gigi", wie seine Anhänger in ganz Frankreich ihn zärtlich nennen, den Paß zu Rocheteau, der das 3:0 brachte. Und in der 81. Minute war der kleinste französische Nationalspieler – Giresse mißt keine 1,70 Meter – wieder an der Reihe. Er köpfte eine Flanke, die Tigana von links hineingegeben hatte, ins Netz.

Tor Nr. 1 und 2 in der Nationalmannschaft für Alain Giresse, notierten die Journalisten auf der Pressetribüne. Normalerweise fällt der quirlige Mittelfeldspieler nur durch seine zentimetergenauen Kurzpässe auf. Vor den Umkleidekabinen widersprach Giresse heftig: „Das waren die Tore Nummer zwei und drei. Gegen Kuwait hatte ich schon ein reguläres erzielt, aber das hat der Scheich mir geklaut."

4:1 – Frankreich hatte sich weltweit in die Herzen der Fußballfans gespielt. Gewiß, die Nordiren waren überfordert gewesen, als sie nach dem Rückstand die Defensive aufgeben mußten und gezwungen waren, das Spiel nach vorne zu tragen. Gewiß auch, nach dem 0:2 erlahmten ihre Kräfte, und die Franzosen hatten leichtes Spiel, denn der Sieg war gesichert. Doch im Gegensatz zu einer deutschen Mannschaft, die „kräfteschonend“ den Rest der Spielzeit lustlos abgerissen hätte, sprühten die Franzosen weiter vor Spiellaune. Sicher, auch sie steckten einen Gang zurück, wechselten kurz vor Schluß Rocheteau gegen den Nachwuchsmann Couriol aus. Aber immer wieder beschleunigten sie das Spiel, trieben es überraschend nach vorne, waren darauf aus, ein weiteres Tor zu schießen. Kurzum: In den Köpfen der Franzosen kreiste nicht der Gedanke, ein Arbeitspensum absolviert zu haben, sondern sie spielten Fußball – 90 Minuten lang. Deshalb gab es auch niemanden, der ihnen die Freude über die Qualifikation für das Halbfinale nicht gönnte – selbst bei den Nordiren nicht.

Frankreich nach 24 Jahren wieder im Halbfinale einer Weltmeisterschaft! Eine Nation feierte ihre Helden. Vor dem Stadion sangen die begeisterten Fans die „Marseillaise“: „Voran für's Vaterland, ihr Kinder! Der Tag des Ruhms ist angebrochen.“

Rainer Kalb

Abschlußtabelle Gruppe D

1. Frankreich	2	2	0	0	5:1	4:0
2. Österreich	2	0	1	1	2:3	1:3
3. Nordirland	2	0	1	1	3:6	1:3

Halbfinale

Italien – Polen 2:0 (1:0)

Nach dem begeisternden Spiel der Italiener gegen Brasilien waren sich die Experten einig gewesen: Sie hatten eine Art Wiedergeburt des italienischen Fußballs erlebt. Eigentlich traf sie diese Erkenntnis wie ein Keulenschlag, denn wer hatte vor der Weltmeisterschaft in Spanien schon die Azzurri ins Kalkül gezogen, ausgerechnet diese „Torverhinderer“, diese „Antifußballer“, die „eigentlich gar nicht mehr wußten, daß drüben an der anderen Seite des Spielfeldes noch ein Tor steht“.

Die Überraschung, die die Italiener boten – nicht nur durch ihren eindrucksvollen Sieg über die Brasilianer, die ja praktisch schon den WM-Titel überschrieben bekommen hatten, sondern vor allem auch durch die Art, in der sie gewannen – schwang auch in den Worten von DFB-Trainer Jupp Derwall mit, der wie alle anderen Fachleute staunend vor dem italienischen Wunder stand: „Da sieht man mal wieder, was im Fußball alles drin ist! Selbst im eigenen Land war ja diese Mannschaft schon gestorben. Sie sieht nicht viel anders aus als vor zwei, drei Jahren, und da hieß es, sie sei überaltert. Jetzt ist sie von den Toten auferstanden. Ein bißchen hat mich das Spiel der Italiener an das gegen uns bei der WM 1970 in Mexiko erinnert. Ich war begeistert.“

Woher nun plötzlich in Spanien in der 2. Runde diese spielerischen Explosionen beim 2:1 über Argentinien und gar beim 3:2 über Brasilien kamen, darüber werden die Fachleute wohl noch lange rätseln. Ganz allein schlugen die Azzurri die scheinbar übermächtigen Favoriten aus Südamerika aus dem Ring und machten so diese Fußball-Weltmeisterschaft zu einem rein europäischen Open-air-Festival.

Nationaltrainer Enzo Bearzot schien immer ein besonderes Verhältnis zu 4. Plätzen zu haben. Seine erste Weltmeisterschaft beendete er 1978 in Argentinien als Vierter. Das wurde ihm noch als Erfolg angerechnet. Seine erste Europameisterschaft endete erneut mit dem 4. Rang. Doch das war eine böse Schlappe für ihn, denn diese EM fand 1980 in den eigenen Stadien in Italien statt und da war es für alle beschlossene Sache gewesen, daß „wir" Europameister würden. In Spanien 1982 war nun wieder ein 4. Platz für Italien drin, befürchteten jene, die trotz des Brasilien-Triumphes Pessimisten geblieben waren. Daß Italien noch einmal oder gar zweimal so erfrischend offensiv spielen könnte, nein, daran wollten viele nicht glauben. Obwohl da dieser Paolo Rossi war und der geniale Spielmacher Giancarlo Antognoni aus Florenz, der im vergangenen Jahr eine so schwere Kopfverletzung erlitten hatte, daß man lange Zeit um sein Leben fürchten mußte.

Ja, die Abwehr von Juventus Turin, die war okay, mit dem Evergreen Dino Zoff, mit Libero Scirea, mit Cabrini, Collovati, Tardelli und Oriali. Doch vor dem Halbfinale mit Polen stürmten plötzlich wieder die Sorgen auf die Azzurri ein. Vorstopper Fulvio Collovati zog sich eine schmerzhafte Fußverletzung zu, sein Einsatz schien unmöglich. Tardelli laborierte an einer Muskelverletzung, Torwart Zoff beklagte eine Verletzung am rechten Fuß, der allgegenwärtige Abwehr-Feuerwehrmann

Claudio Gentile mußte auf der Tribüne „arbeiten". Er hatte gegen die Brasilianer zum zweitenmal „gelb" gesehen, was eine automatische Sperre für das nächste Spiel nach sich zog.

Aber die Mitwirkung des besten Leibwächters dieser WM schien gar nicht notwendig zu sein, denn sein bevorzugtes Zielobjekt beim Halbfinalgegner Polen war auch nicht aufzufinden. Kurioserweise fehlte Zbigniew Boniek aus den gleichen Gründen. Das Stürmer-As der Polen, das mit seinen drei Toren beim 3:0 über Belgien das gleiche Kunststück wie Rossi gegen Brasilien fertig-

Paolo Rossi (wer sonst?) nutzte in der 22. Minute eine Lücke in der polnischen Abwehr und beförderte den von Spielmacher Antognoni getretenen Freistoß per Kopf zum 1:0 ins polnische Tor.

gebracht hatte, war auch mit der zweiten Gelben Karte (gegen die UdSSR) verwarnt worden und konnte sich die italienisch-polnische Auseinandersetzung – quasi Hand in Hand mit Gentile – von der Tribüne aus ansehen. Das war ein böses Handicap für die polnische Mannschaft, deren Vordringen unter die letzten Vier genauso sensationell war wie das Italiens.

Die Fachwelt war sich einig, daß der Vorstoß der polnischen Mannschaft ins Halbfinale wirklich eine Sensation war. Von den renommierten Teams – und zu denen zählen die Polen seit ihrem 3. Platz bei der WM 1974 (wo sie um ein Haar anstelle der Deutschen das Finale erreicht hätten) und dem Erreichen der 2. Finalrunde 1978 (wo sie den gleichen Rang wie die deutsche Mannschaft belegten) – hatten sie bei weitem die schlechteste Vorbereitung – kein einziges Länderspiel in den vergangenen sieben Monaten!

Ein Aktivposten der jungen polnischen Mannschaft um die Routiniers Lato, Smuda und Szarmach war Trainer Antoni Piechniczek. Erstmals seit mehr als acht Jahren war er ein Nationalcoach, dessen Rücktritt nicht gleich nach jeder Niederlage gefordert wurde. Er übernahm das Team acht Wochen vor der ersten WM-Qualifikation als Nachfolger von Richard Piechniczek, sorgte dafür, daß die „Alten“, Lato und Szarmach, wieder begeistert waren und daß die Jungen rannten, als ginge es um ihr Leben. Ein harter Trainer, der einmal seinen Klubposten verlor, weil die Spieler gegen seine Methoden aufbegehrten.

Nach einer lähmenden Vorrunde hatten die Polen in Spanien dann nur noch Erfolge. Es begann mit dem 5:1 über Peru, als sich die Südamerikaner allerdings zeitig

Rossi, immer wieder Rossi – auch der Pole Waldemar Matysik konnte ihn nur mit unsauberen Mitteln am Davonsprinten hindern. Welche Leistungsexplosion des Italieners während der WM!

selbst aufgaben, setzte sich fort mit dem grandiosen Sieg über Belgien und gipfelte vorerst in dem „0:0-Sieg" über die UdSSR, denn das torlose Remis war ein polnischer Sieg, brachte er doch den Einzug ins Halbfinale und den Rausschmiß des Geheimfavoriten Sowjetunion, mit all den „freudigen Begleitumständen", die man aus der aktuellen politisch-vaterländischen Situation der Polen verstehen muß.

Nun standen sich also kurioserweise wieder die ersten beiden Mannschaften der Vorrundengruppe 1 im Halbfinale gegenüber und trugen ihr zweites direktes WM-

Spiel aus. Im ersten hatten sie sich „gütlich" 0:0 getrennt, wobei beide Seiten alle Risiken gescheut hatten und keinerlei Wagnis eingingen. Zwei von vier Halbfinalisten stammten also ausgerechnet aus jener Gruppe, die im Vorfeld der Weltmeisterschaft am meisten geschmäht worden war. In sechs Spielen hatte es dort fünf Unentschieden gegeben, davon gleich drei ohne Tore.

Polen gegen Italien, das erregte sogar Aufmerksamkeit an „höchster Stelle". Im Vatikan verfolgte der Papst per Fernseher das Fußballduell zwischen „seinen beiden Nationen". Für wen er die Daumen drückte, verriet er klugerweise nicht. Aber ein bißchen „polnisch" wird das Herz von Karol Wojtyla wohl doch noch geschlagen haben...

Für die Polen gab es in diesem glutheißen Spiel im Stadion Nou Camp von Barcelona am Nachmittag des 8. Juli nichts zu erben. Schon nach 22 Spielminuten standen die italienischen Weichen auf Sieg. Dreimal darf man raten, wie der Torschütze hieß: Es konnte nur Paolo Rossi sein. Der Mann, der Brasilien „erschoß" und den man deshalb geschmacklos den „Brasilien-Killer" und den „Brasilien-Henker" genannt hatte, buchte das 1:0 mit einer Reflexbewegung. Der Kopf der Mannschaft, Spielmacher Giancarlo Antognoni, hatte einen Freistoß hereingehoben, irgendwie flatterte das Leder zum Torschützen vom Dienst – und schon hatte Rossi zugeschlagen. Sein 4. Tor in WM-Folge, nach den drei Treffern gegen Brasilien. Und das „Engelsgesicht" schoß auch noch Nummer 5. Italiens Nummer 5 und seine Nummer 5, seit die Azzurri ihren Gang mit den Brasilianern begonnen hatten. Dieser 5. Rossi fiel in der 73. Minute und war ein herrlicher Konter – so richtig aus

Die Polen hatten im Halbfinalspiel gegen Italien nur wenige Chancen. Hier tritt Kupcewicz einen Freistoß durch die italienische Mauer, doch trifft die 25-Meter-Bombe nur den Pfosten.

dem Lehrbuch. Altobelli „bediente“ Conti steil draußen auf dem linken Flügel, der riskierte einen Blick, und dann segelte der Ball haargenau auf das Haupt des freistehenden Paolo Rossi. Damit war Italiens Glückseligkeit perfekt. Auf den Rängen feierte die überwiegende Mehrzahl der 60000 Zuschauer eine Fiesta. Zum viertenmal stand Italiens Fußballmannschaft in einem WM-Endspiel! 1934 und 1938 war der Titel gewonnen worden, 1970 unterlag sie den Brasilianern 1:4. Und 1982? Mit offenen Augen träumten die Azzurri natürlich vom vollen Triumph, als der halbe feststand.

Leider konnte dieses Halbfinalspiel nicht halten, was man sich von einem Fußballmatch in dieser Phase einer WM-Endrunde verspricht. Nein, die Italiener mauerten nicht, wie man es ihnen vorher unterstellt hatte. Nein, die Italiener spielten auch nicht hart oder gar foul, aber der große Bruch kam, als ihr Spielmacher und Dirigent Giancarlo Antognoni schwer verletzt auf der Trage in die Kabine gebracht werden mußte. Das war schon in der 28. Minute, und von da an waren die Italiener nicht mehr in der Lage, jenes schöne Spiel aufzuziehen, das sie in der Begegnung mit Brasilien sozusagen weltberühmt gemacht hatte. Marini ersetzte den Spielmacher, aber er ist eben kein Antognoni, der plötzlich eine Idee hat, die die gegnerische Abwehr vor Rätsel stellt. So herrschte dann meistens ein relativ planloses Gekicke im Mittelfeld, die großen Torszenen waren Mangelware, und die Sache verlief recht stimmungslos. Wären die beiden Tore des listigen Paolo Rossi nicht gewesen – gewissermaßen Blitzlichter in der Düsternis –, man hätte noch ein härteres Urteil fällen müssen.

Der Verlust ihres Spiel- und Tormachers Boniek traf die Polen schwer. Das Spiel bewies es. Tormöglichkeiten hatte nur Kupcewicz, und die auch nur aus sogenannten Standardsituationen: nach Freistößen. Einer landete in der 35. Minute krachend am Pfosten und hätte bei einer Flugbahn ein paar Millimeter weiter rechts wohl noch das Spiel in Richtung Dramatik, Spannung und mehr Anteilnahme umdrehen können. Boniek fehlte den Polen weitaus schmerzlicher als auf der Gegenseite den Italienern ihr Abwehrkonstrukteur Claudio Gentile. „Abwehr-Terrier“ kann man ersetzen, Stürmer mit Einfällen, Witz und Ballfertigkeit eben nicht.

Altmeister Grzegorz Lato, der 32jährige mit der kahlen Denkerstirn, der schon 1974 mit seiner polnischen Mannschaft Platz 3 in Deutschland errungen hatte (auch Smuda war von damals noch dabei), sollte als Sturmspitze die Rolle von Boniek spielen, sollte Einfädler und Tormacher zugleich sein. Damit war er überfordert. Nicht ein einziges Mal kam er gefährlich in die Nähe von Dino Zoff, dem italienischen Torwart. Dabei wäre dieses Duell der beiden routinierten „Senioren" recht interessant gewesen.

Es war die italienische Gegenwehr, dieses exakt auf-

Wieder eine Hoffnung der polnischen Mannschaft, die von Dino Zoff unter sich begraben wurde. Trotz seiner 40 Jahre zählte der italienische Keeper zu den Besten der WM.

einander eingespielte Mannschaftsensemble mit lauter Weltklassespielern, die es den Polen unmöglich machte, temperamentvoller und durchschlagskräftiger zu agieren. In diese Mannschaft fügte sich sogar der knapp 19jährige Giuseppe Bergomi von Inter Mailand als Gentile-Vertreter ein, als hätte er in seinem Fußballerleben nichts anderes gemacht.

Überraschenderweise spielten nicht die Italiener hart und foul, sondern eher die Polen. Doch bei diesen sperrigen, knochigen Gestalten war es wohl mehr übereifrige Unbeholfenheit, die die italienischen Flitzer oft über die Klinge springen ließ. Nicht nur Antognoni wurde ein „Opfer" dieser knorrigen Polen, sondern auch Graziani, der sich in der 68. Minute – ebenfalls per Trage – vom Platz bringen lassen mußte, als sich ihm der gewaltige Szmuda wie eine Steinmauer in den Weg stellte.

Hans-Jürgen Jendral

Spiel um den dritten Platz

Polen – Frankreich 3:2 (2:1)

Da es nicht nur einen ersten und einen zweiten Platz bei der Weltmeisterschaft gibt, sondern es nach dem Reglement auch noch einen dritten Sieger geben muß, blieb Polen und Frankreich gar nichts anderes übrig, als das Spiel um den undankbaren 3. Platz durchzuführen.

Die Franzosen hatten den Kampf vom Donnerstag einfach noch nicht vergessen können, wohl auch nicht wollen. Sie waren bitter enttäuscht, daß ihnen der Einzug in das Endspiel nicht gelungen war. Die französische Presse machte ihrer Nationalmannschaft keine Vorwürfe. Vielmehr wurde immer wieder betont, wie großartig die Franzosen gekämpft hatten. „Le Figaro" vertrat sogar die Meinung, daß der Kampf vom Donnerstagabend „das schönste Spiel der Weltmeisterschaft" gewesen sei. „L'Equipe" lobte: „Fabelhaft! Ein packendes, begeisterndes Halbfinale. Die Franzosen zwangen das deutsche Ungeheuer zur Verlängerung." Und „France-Soir" schrieb: „Das war ein grausames Ausscheiden – aber nach einem hervorragenden Spiel."

Die Polen waren nach der 0:2-Niederlage vom Donnerstag glücklich, daß sie überhaupt so weit gekommen waren und um den dritten Platz spielen konnten. An dem Sieg der Italiener gab es nichts zu deuteln. Bei diesem Spiel hatte die bessere Mannschaft gewonnen.

Als am Samstagabend in Alicante die beiden Mannschaften in das Stadion einliefen, gab es die erste große

Überraschung. Frankreich-Trainer Michel Hidalgo, der vor diesem Spiel erklärt hatte: „Ob wir den dritten oder den vierten Platz erreichen, ist gleich, denn diese Weltmeisterschaft ist auf jeden Fall ein Riesenerfolg für uns", schien sich offensichtlich schon vor dem Spielbeginn mit dem vierten Platz abgefunden zu haben. Er ließ nämlich eine Mannschaft einlaufen, in der sich nur noch vier Spieler von der Donnerstagbegegnung mit Deutschland befanden: Tresor, Janvion, Tigana und Amoros. Im Tor der Franzosen stand Castaneda; Mahut, Girard, Larios, Soler, Couriol und Bellone bildeten den Rest der

Freistoß für die polnische Mannschaft gegen Frankreich in der 47. Minute; Kupcewicz schießt direkt und trifft zum 3:1, Castaneda steht in der falschen Ecke.

Mannschaft. Polens Trainer Piechniczek präsentierte dem portugiesischen Schiedsrichter Garrido folgende Mannschaft: Im Tor stand Mlynarczyk, seine Vorderleute waren Zmuda, Dziuba, Janas und Majewski, das Mittelfeld bildeten Matysek, Buncol und Kupcewicz, Lato, Boniek und Szarmach standen vorn.

Die Polen hatten den Anstoß, und Kupcewicz marschierte nach vorn und schoß sofort. Die Franzosen wehrten ab, kamen aber nicht über die Mittellinie hinaus, die Polen waren wieder da und bekamen den ersten Eckstoß, der jedoch nichts einbrachte. Die Franzosen bauten langsam auf, aber Lato bediente Boniek. Nun waren die Franzosen da, und auch sie erzielten ihren ersten Eckstoß, der ebenfalls nichts einbrachte. Dann aus 25 Metern ein Freistoß für die Franzosen, der polnische Torhüter Mlynarczyk hielt. Gegenstoß der Polen, der abgefangen wurde, doch Lato erkämpfte sich den Ball und kam in gute Schußposition, Castaneda hielt den Schuß, wie kurz danach auch den von Kupcewicz. Auf der Gegenseite schoß Girard am Tor vorbei. Die rund 20000 Zuschauer im Stadion, das nicht ganz ausverkauft war, sahen keinen atemberaubenden Auftakt. Die Polen waren auf Sicherheit bedacht, wie bisher bei fast allen Spielen. In der 12. Minute kamen die Zuschauer zum erstenmal bei einem Schuß von Tigana, den Mlynarczyk mit der Hand über das Tor drehte, auf ihre Kosten. Zwei Minuten später war es dann aber doch soweit. In der 14. Minute schoß Girard seine Mannschaft in Führung: 1:0.

Die Franzosen ließen nicht nach. Knapp eine Minute später war Soler vor dem polnischen Tor. Mlynarczyk konnte gerade noch retten. Dann wieder ein Freistoß für die Franzosen, den Mlynarczyk erneut meisterte. Die er-

Doppelte Enttäuschung in den Gesichtern von Trainer Michel Hidalgo (2. von links) und der französischen Spieler: Statt dem Einzug ins Finale nun schließlich nur der vierte Platz.

ste Viertelstunde war vorbei, und bisher hatten eigentlich nur die Franzosen gespielt, die Polen waren nur zwei- oder dreimal vor dem französischen Tor aufgetaucht. Doch plötzlich war Boniek da, hatte die erste gute Tormöglichkeit, die er allerdings nicht ausnutzen konnte. Der Gegenstoß der Franzosen wurde von den Polen abgefangen. Bald darauf hatte der polnische Stürmerstar Boniek erneut eine Chance; er flankte, der Ball tanzte auf der Linie, ging aber nicht ins Netz. Es blieb bei der Führung der Franzosen, die auch weiterhin das Spiel bestimmten, während sich die Polen damit begnügten, zu verteidigen und auf ihre Konterchancen zu lauern. Und in der 41. Minute nutzten sie diese Chance auch aus. Wieder war es Boniek, der im Strafraum auftauchte, zu Szarmach spielte, der das 1:1 erzielte. Die Polen hatten sogar noch ausgesprochen Glück. Kurz vor dem Halbzeitpfiff schenkte ihnen Castaneda, der einen Eckstoß von Kupcewicz unterlief, den zweiten Treffer. Die Polen, die sich in dieser ersten Halbzeit nicht sonderlich hervorgetan hatten, gingen mit einer 2:1-Führung in die Kabine.

Die zweite Halbzeit hatte kaum begonnen, als der französische Torwart noch einmal bewies, daß er nicht zur Weltelite gehört. Die Polen bekamen einen Freistoß, links vom Strafraum. Kupcewicz trat in der 47. Minute an, schoß direkt – und Castaneda stand in der falschen Ecke: 3:1 für die Polen, die sich jetzt noch mehr zurückzogen und die Franzosen kommen ließen, die nun immer stärker wurden. Doch wieder hatten sie mit ihren Schüssen kein Glück. Über zwanzig Minuten lang rannten sie vergeblich an, bis Couriol in der 73. Minute das 2:3 erzielte. Und dabei blieb es. Der dritte Sieger hieß Polen.

Inhalt

Vorwort. Von Karl-Heinz Rummenigge VII

Italien ist Weltmeister XI

„Kalle“ brachte die Wende. Das Elfmeterdrama 1

1. Finalrunde

Gruppe 1: Italien, Polen, Peru, Kamerun 11
Gruppe 2: Deutschland, Algerien, Chile, Österreich 29
Gruppe 3: Argentinien, Belgien, Ungarn, El Salvador . . . 84
Gruppe 4: England, Frankreich, CSSR, Kuwait 103
Gruppe 5: Spanien, Honduras, Jugoslawien, Nordirland . 128
Gruppe 6: Brasilien, UdSSR, Schottland, Neuseeland . . 152

2. Finalrunde

Gruppe A: Polen, Belgien, UdSSR 177
Gruppe B: Deutschland, England, Spanien 192
Gruppe C: Italien, Argentinien, Brasilien 224
Gruppe D: Nordirland, Österreich, Frankreich 240

Halbfinale: Italien – Polen 257

Spiel um den 3. Platz: Polen – Frankreich 267